€5.-

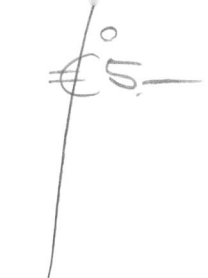

Ursula Bruns Das Jahr der Pferde

Ursula Bruns

Das Jahr der Pferde

Erlebt in Deutschlands letzter Wildbahn
Photos von K. H. Klubescheidt
Zweite Auflage

Albert Müller Verlag
Rüschlikon-Zürich
Stuttgart · Wien

Bildnachweis: Seite 9: Friedrich Nölting. Seite 10: Detmar Große-Leege. Seiten 11 und 12 links: Jost Camenzind. Seite 40: Dirk Schwager. Seiten 96 und 97: Müller. Seite 100: Klaus Michael Lehmann.

© Albert Müller Verlag, AG, Rüschlikon-Zürich, 1970. – Nachdruck, auch einzelner Teile, verboten. Alle Nebenrechte vom Verlag vorbehalten, insbesondere das Recht zur Übersetzung in fremde Sprachen, die Filmrechte, das Abdrucksrecht für Zeitungen und Zeitschriften, das Recht zur Gestaltung und Verbreitung von gekürzten Ausgaben und Lizenzausgaben, Hörspielen, Funk- und Fernsehsendungen sowie das Recht zur photo- und klangmechanischen Wiedergabe durch jedes bekannte, aber auch durch heute noch unbekannte Verfahren.
ISBN 3 275 00421 2. – 9/13-73. – Printed in Switzerland.

*Der Versuch, ein Stück Münsterland zu schildern,
ist meinen Eltern und Geschwistern gewidmet, mit denen mich
die Erinnerung an eine köstliche Jugend dort verbindet.*

Heimat Münsterland
Diesem Buch bin ich auf andere und innigere Weise mit dem Herzen verbunden als meinen bisherigen Pferdebüchern: Es schildert den stillen Zauber meiner Heimat. Auf vielen Reisen durch die Welt habe ich großartigere Landschaften erlebt, mit himmelragenden Bergen, endlos an den Horizont sich dehnenden Steppen, mit Tälern, die nach Thymian und Lavendel dufteten, mit glitzernden Seen... Dennoch wird mir, so oft mein Auto jene unsichtbare Grenze durchfährt, die das *Münsterland* – den südwestlichen Zipfel Westfalens – umschließt, wohl und leicht ums Herz. Es ist eine milde, eher feuchte, im Sommer manchmal heiß-trockene Gegend, ein Bauernland mit weitverstreuten Einzelhöfen, ein jeder im Kranz alter Eichen ruhend, mit Kiefernwäldern, Laubgehölzen, Getreide- und Kartoffelfeldern, mit kilometerlangen Sandwegen dazwischen (über die es sich herrlich galoppiert!), mit Weiden voll schwarzbuntem Vieh. Keine sehr bedeutende Landschaft, freundlich, fast immer von leichtem Dunst umwoben: von Früh- und Abendnebeln und vom warmen Brodem über den sommerlichen Feldern.
Hier bin ich großgeworden; hier habe ich schon als Kind – wie ich's heute als Erwachsene tue – mit Pony und Pferd die Heidepfade erforscht, Wald und feuchtes Venn durchstreift.
Und solange ich denken kann, sind die Stimmungen des Münsterlandes mir gedeutet worden in den Versen seiner größten Dichterin, der Freiin Annette von Droste-Hülshoff. Sie war nahsichtig, das heißt, sie sah die Dinge der Nähe übergroß, indes die Ferne ihr vor dem Blick verschwamm. Sie hat die auf den ersten Blick reizlos scheinende Landschaft so ganz von nah betrachtet und die Schönheit im Kleinsten entdeckt; sie hat die Ängste und das Grauen der Menschen ihrer Zeit vor dem Walten der Natur, vor Heide und Moor nah miterlebt, tief nachempfunden. Schrieb sie ihre Dichtungen auch vor bald hundertfünfzig Jahren – niemand kann uns den heimlichen Zauber dieses Landes eindringlicher vor die Sinne rücken als sie. Mögen ihre Verse also meine Alltagsschilderung hier und da vertiefen.

Zu den erregendsten Erlebnissen meiner Jugend gehört der Fang der «wilden» Pferde von Dülmen. Die Hand meines Vaters umklammernd, sah ich zum erstenmal eine Pferdeherde geradewegs auf mich zu galoppieren, und das Empfinden der mit Entzücken vermischten Angst angesichts schnaubender Nüstern, wild wehender Mähnen, funkelnder Augen ist seither unverrückbar mit der Erinnerung an die Merfelder Wildbahn und ihre in Freiheit lebenden Pferde verbunden. Viele Stunden und Tage habe ich seither bei ihnen verbracht – im Grase liegend, an einen Baum gelehnt, den hohen Januar-Schnee durchstapfend, im Plattdeutsch der Heimat mit den Bauernsöhnen die Herde besprechend. Zwei meiner eigenen Isländer leben nur eine halbe Stunde von der Wildbahn entfernt; ich reite sie durch gleiche Landschaft.

Was ich aus eigenem Erleben, aus der Unterhaltung mit den «Anwohnern» und vielen Gesprächen mit Oberförster Düssel, dem für die Bahn Verantwortlichen, an Wissenswertem und oft Einzigartigem über das Leben der Herde im Wechsel der Jahreszeiten lernte, versuche ich nun – die mit dem Photographen gemeinsam erarbeiteten Bilder ergänzend – in Worte zu fassen. In möglichst einfache Worte, denn Pferde leben einfach, ihre Umwelt ist einfach. Beider Reiz offenbart sich im genauen Hinschauen, in der «Nah-Sicht». Der Geduld erschließen sie sich auf staunenswerte Weise und entlassen uns reicher geworden nach einem solchen gemeinsam verbrachten
«Jahr der Pferde».

Ein sachlicher Hinweis sei mir voraus noch gestattet: es handelt sich bei den Dülmenern nicht um echte *Wildpferde;* sie sind im Laufe der Jahrhunderte mit Hauspferden vermischt; Hengste vom Menschen gezüchteter Rassen wirkten in der Herde. Nenne ich sie künftig Wildlinge, so geschieht es nur im Hinblick auf die Form ihres Lebens, das sie «wild» verbringen wie Hase, Reh und Hirsch in den Wäldern ihrer «Wildbahn».

Schmetternde Musik
füllt einmal jährlich weithin das Heideland und umrahmt das lauteste, staubigste und bekannteste Ereignis der Wildbahn – den Fang der jungen Hengste an jedem letzten Samstag im Mai.
Seit meinen Kindertagen ist daraus ein Riesenspektakulum geworden mit in- und ausländischen Reportern, mit Radio- und Fernsehwagen, Würstchenbuden und Musikkapellen, mit Reisebussen aus Holland, Belgien, Luxemburg und Frankreich und natürlich aus dem so nahen Industriegebiet. Wo wir früher – übermütig vor Erwartung – hinter den Erwachsenen her nach Merfeld radelten, winden sich heute endlose Autokolonnen durchs flache Venn; statt tausend Zuschauern früher strömen nun dreißigtausend auf das Stück Heide- und Weideland zu, in dem die «wilden» Pferde des Herzogs von Croy leben. Was, fragt man sich, zieht sie dorthin?
Dicht an dicht gedrängt auf den ansteigenden Rängen der Arena, sehen sie zu Beginn des Nachmittags vielleicht eine Kinderquadrille auf Ponys, vielleicht die Vorführung eines berühmten Dressurreiters (der im weiten Rund viel zu klein ist, um zu wirken), vielleicht einen Wagenkorso. Sind sie deswegen gekommen? O nein! Erst wenn unter dem Tschingdera der Musik fernes Grollen hörbar wird und anschwillt zum Hämmern des Galopps auf harter Erde, erst dann werden sie wach und beugen sich weit vor, um gespannt zuzusehen, wie – von der Kette der Treiber vorangedrängt – zweihundert mittelgroße Pferde in die Arena rennen, denen in manchem Jahr noch die Winterzotteln um Bauch und Beine schlenkern (9), wie sie eine Weile noch im wölkenden Staub ineinanderkreiseln (10) und langsam, sich beruhigend, zu Gruppen auseinanderfallen...
Und die Spannung der Zehntausende wächst, wenn in den nächsten Stunden ein Dutzend kräftiger Bauernburschen in weißen Jacken, roten Kappen sich bemühen, zwei Dutzend zottige Hengstlein von diesen Gruppen abzuspalten und sie eins nach dem anderen mit Geschick und unter schweißtreibender Anstrengung herauszufangen. *Das* wollen sie sehen!
Ja, aber sehen sie es nicht allwöchentlich auf dem Bildschirm bunter vorüberflimmern? Galoppieren die Mustangherden des Wilden Westens nicht rasanter, stürzen die Indianerpferde nicht wirkungsvoller als hier die kümmerlichen, zornig-erschrockenen Jährlinge?
Gewiß. Doch sie kommen Jahr um Jahr, denn –
hier sehen sie den Stuten *leibhaftig* ins wild verscheuchte Auge, hören sie heftiges Schnauben *dicht vor sich,* ist schrilles Wiehern nicht untergeblendeter Ton im Film, sondern ausgestoßen in echter Bedrängnis: tief und rufend von den Müttern, die ihre gestern, vorgestern geborenen Füllen verloren haben; hoch und dünn von den Fohlen, die in Staub und kreiselndem Gewoge

angstvoll die Mütter suchen; zornig von den Jährlingshengsten, die – furchtgebannt – zum erstenmal die Menschenhand auf Hals und Rücken spüren und, niedergedrückt von mächtigen Fäusten, der Unerbittlichkeit von Strick und Halfter ausgeliefert sind...
Sie kommen, weil sich inmitten von Trubel und Spektakel keine abgedroschene Schau abspielt. Kommen, weil hier die Gefühle *echt* sind: die der Tiere – und ihre eigenen.
Abgestumpft gegen Filmszenen im Breitwandformat, gegen doppelseitige knallbunte Illustriertenbilder, strömt ihnen hier beim leis zitternden Fohlenruf Wärme ins Herz, atmen sie befreit auf, wenn ein Fänger das hilflos umhertorkelnde Geschöpf in die Arme nimmt, in das mit Stricken abgeteilte Reservat der Stuten bringt, die Mutter zu ihm treibt (12). Und sind die Schwachen solcherart versorgt, springt in der nun fiebernden Menge der Jagdinstinkt auf: wirft jeder einzelne sich im Geiste mit den Fängern drunten den Jährlingen an den Hals, keucht Zuruf und Ansporn hervor, wenn wieder ein Wildling – den Bauernpranken ausgeliefert – seine jähen Sprünge nach vorn, sein sperriges Rückwärtsziehen (12) aufgibt, verspürt ein jeder Befriedigung nach hartem Kampf, wenn der junge Hengst zitternd den Brand des Herzogs in der Sattellage empfängt als Zeichen dafür, daß es nun endgültig aus ist mit der Freiheit in der Herde...
Ja, und leise Beschämung über solch unvermuteten Ausbruch urtümlicher Brutalität verspürt dieser und jener auch. Wo bleiben da Zivilisation und Kultur? Ja, wo bleiben sie, wenn wir *Jagd* so hautnah miterleben? Wenn Staub uns in die Augen wirbelt, scharfer Schweiß der Hetze uns in die Nase steigt – und wir ihn erregt einatmen?
Spontane Gefühle wallen an diesem Nachmittag auf; einfache und einschneidende Lebensvorgänge bewegen uns; wir bewundern die sprudelnde Vitalität der Herde: das Wehen der Mähnen, das Spiel des Lichtes auf den blanken Rücken, das Grollen der achthundert festen kleinen Hufe in der Bahn. Und fahren wir später durch den melancholischen Frühsommerabend in der Autoschlange langsam heim und vergehen Jagdfieber und Beschämung gleichermaßen unter der aufsteigenden Müdigkeit, so bohrt sich eine neue Frage in unser Bewußtsein vor, jene Frage, die uns schuldbewußt-zivilisierten Menschen von heute so manche Freude vergällt: «War es nicht doch Unrecht? Ist es nicht doch Tierquälerei gewesen?»

Nun, jeder Einbruch in die Freiheit
ist für ein wildlebendes Tier eine Qual. Das zu leugnen wäre töricht. Der jähe Schock, nicht mehr die Flucht ergreifen zu können, ist furchtbar für den Mustang, dem sich die Lassoschlinge um

9 30000 Zuschauer sehen die Herde in die Arena galoppieren,
10 im aufwölkenden Staub umeinanderkreiseln,
11 sehen kräftige Westfalen-Bauern die Stuten von den Jährlingen trennen,
12 behutsam mit den Neugeborenen, energisch mit den jungen Hengsten umgehen...
13 Dann ist die Herde auf ein Jahr an die Freiheit zurückgegeben,
14 gilt die Sorge der Mütter nurmehr den Säugern,
15 vergessen die Stuten im wohligen Wälzen alle Aufregung bald,
16 tun sich die Fohlen vertrauensvoll nieder zum Schlaf!

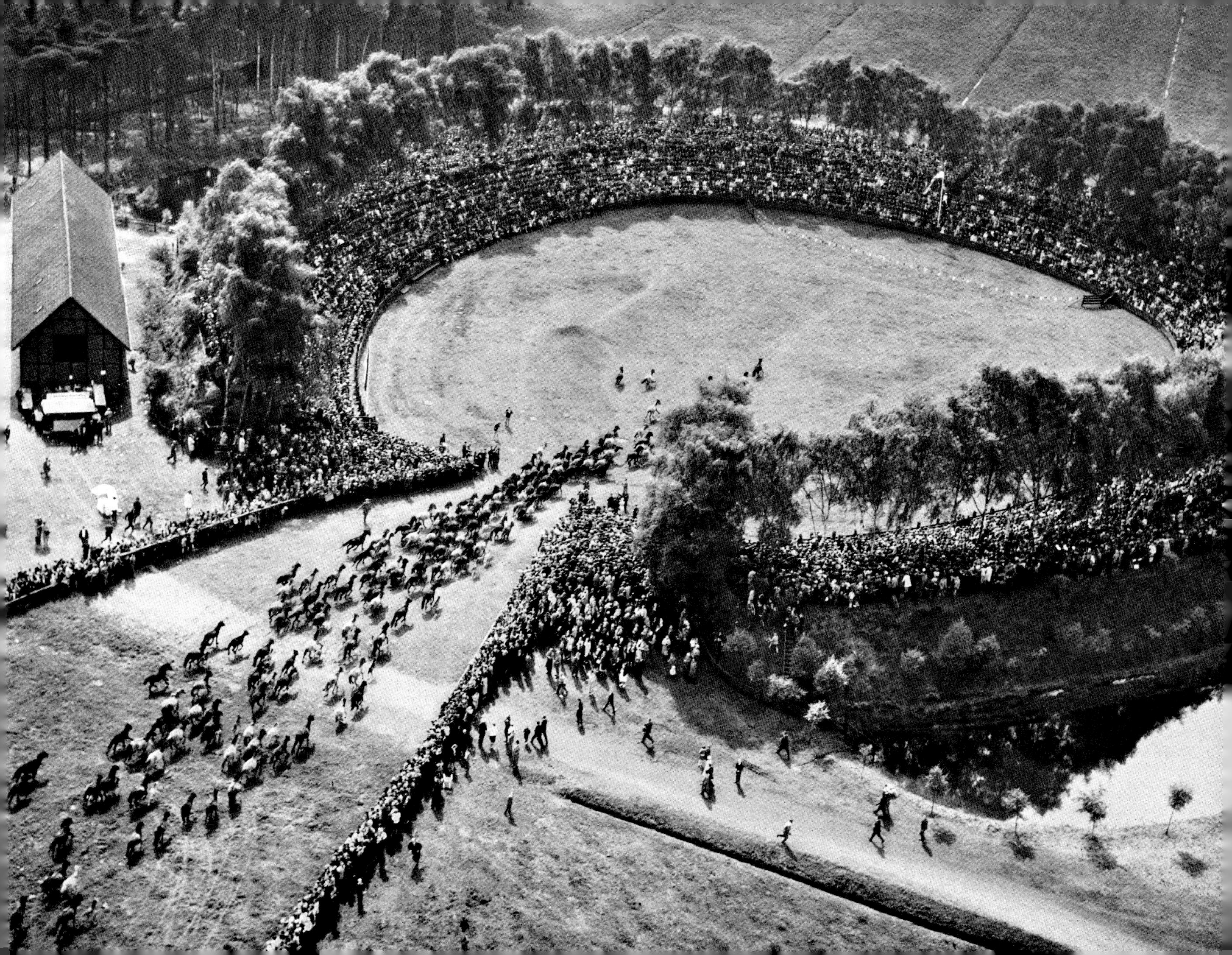

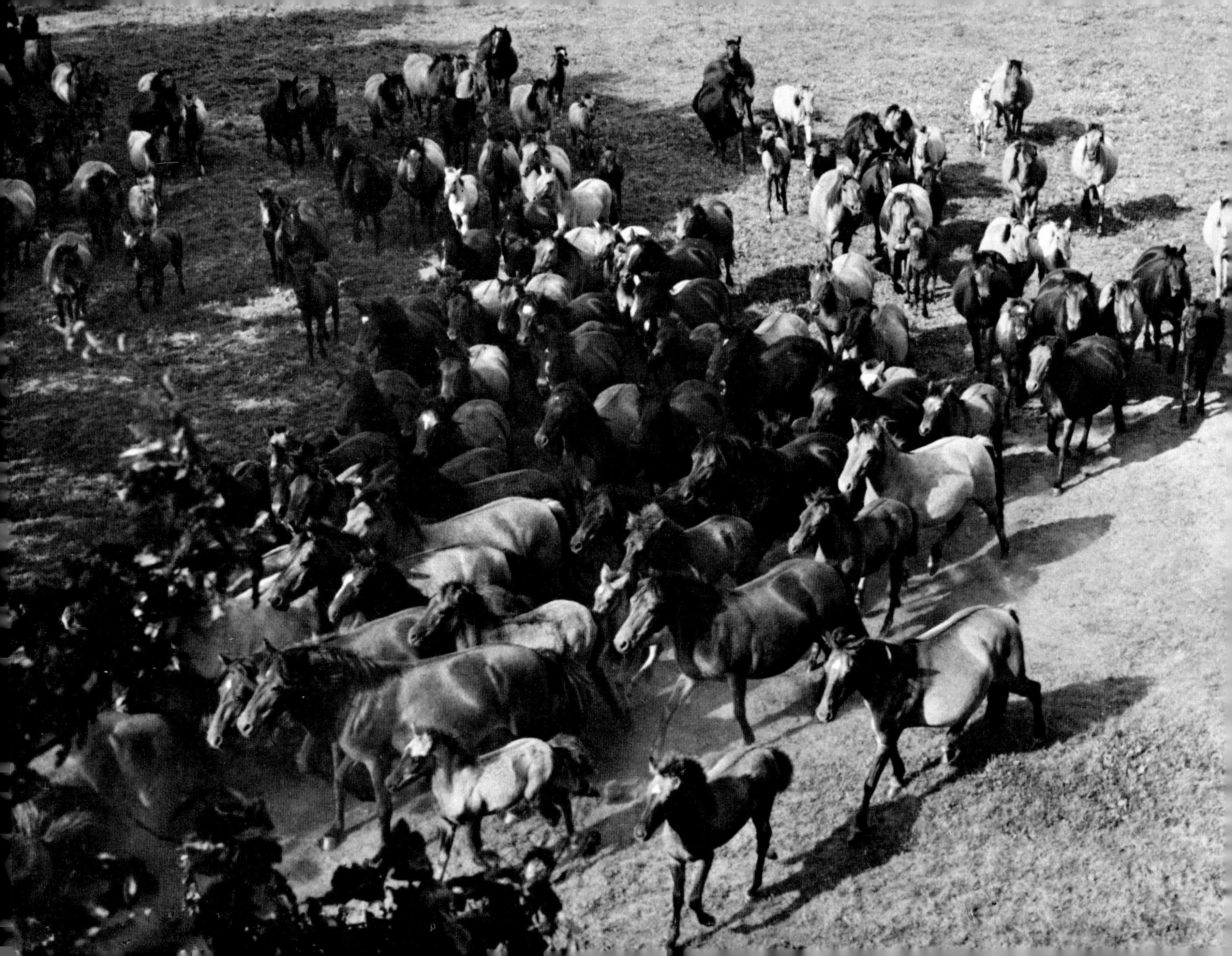

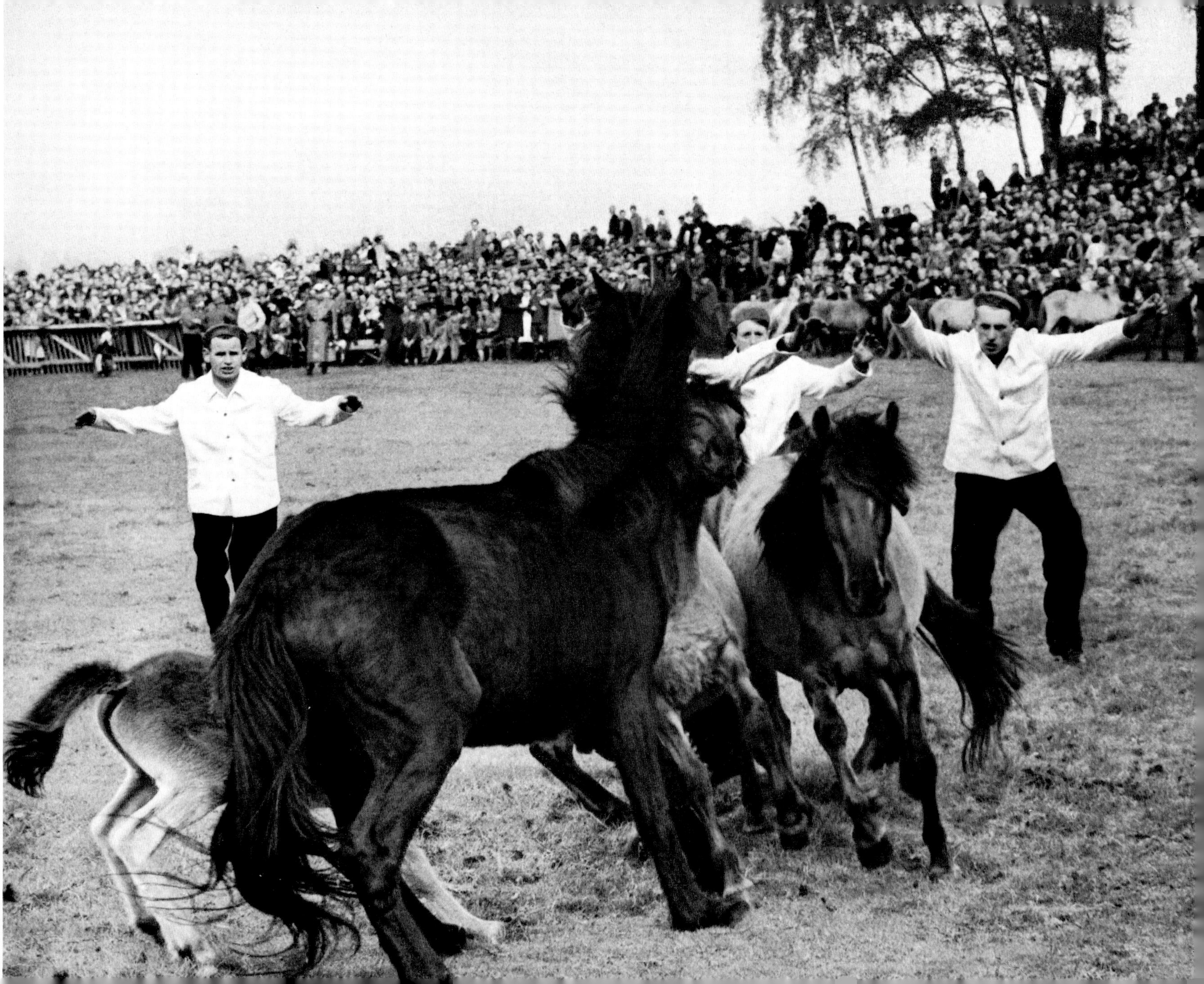

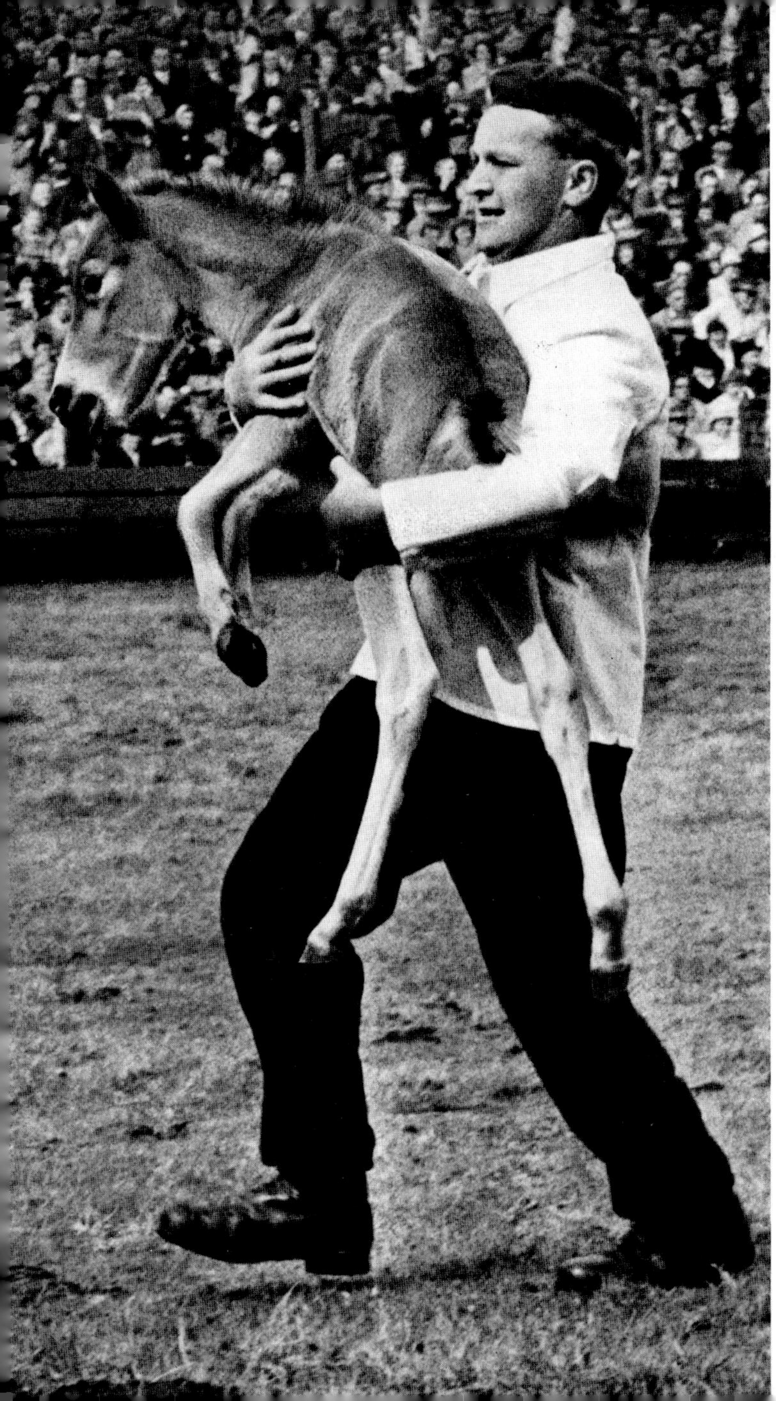
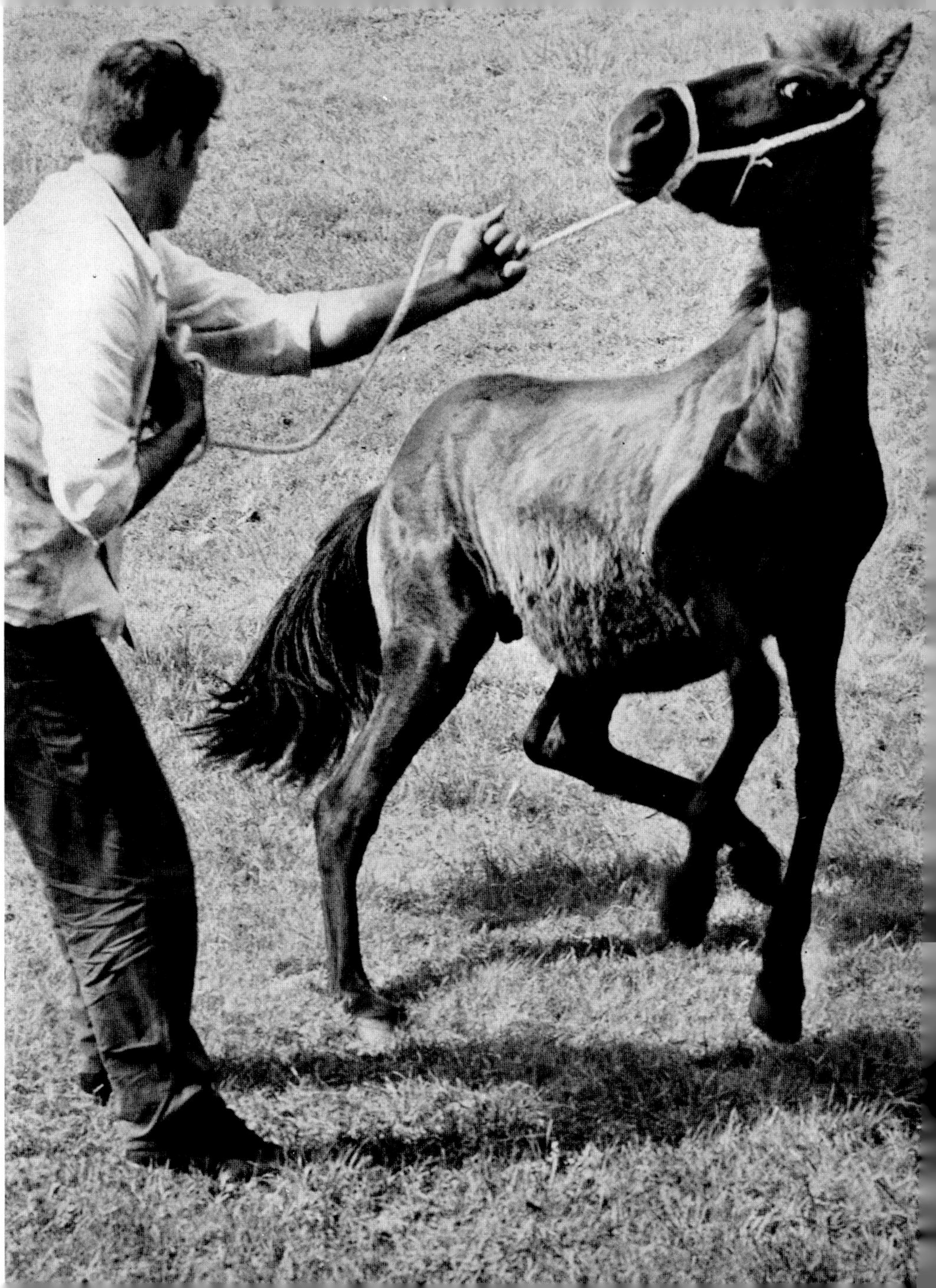

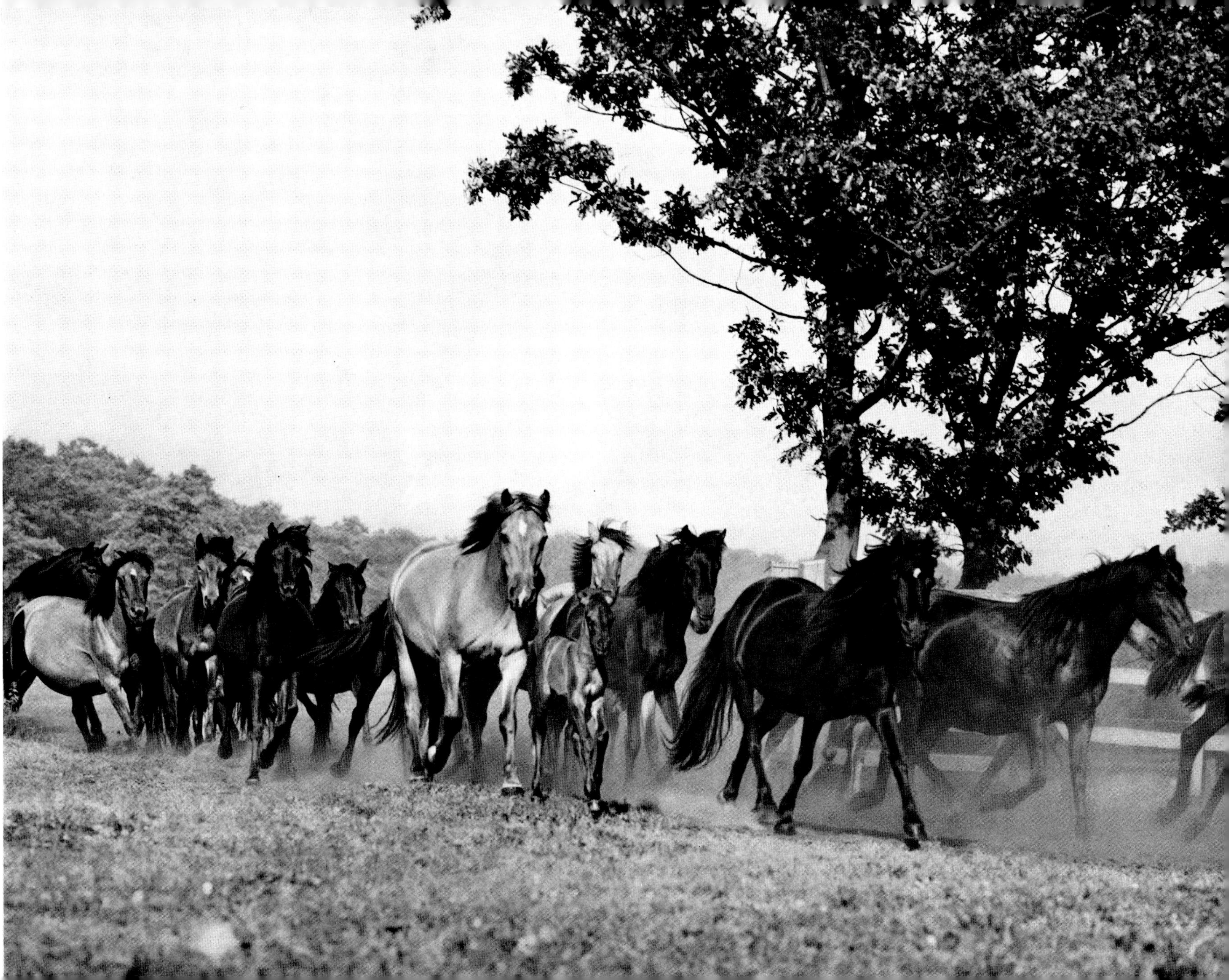

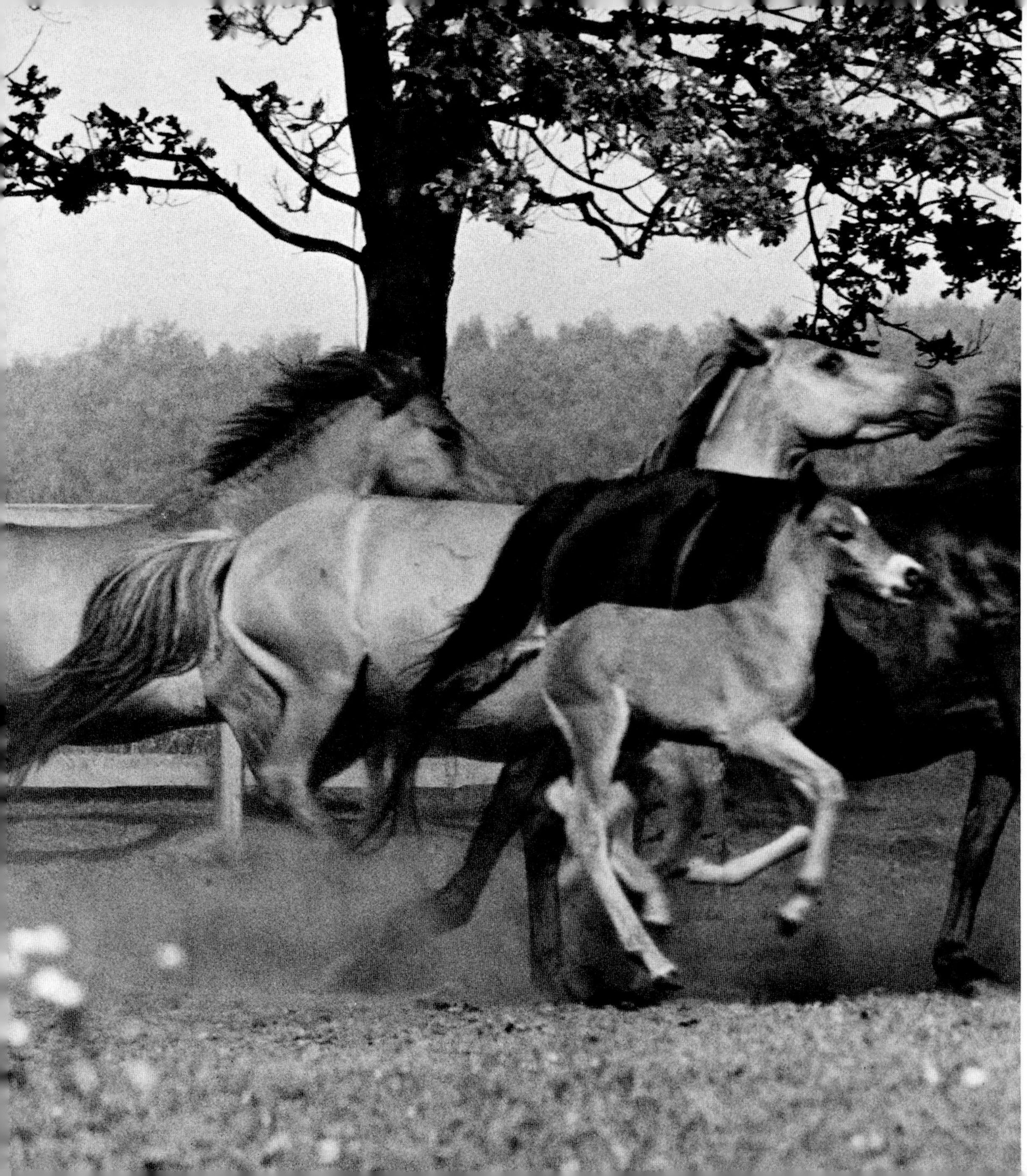

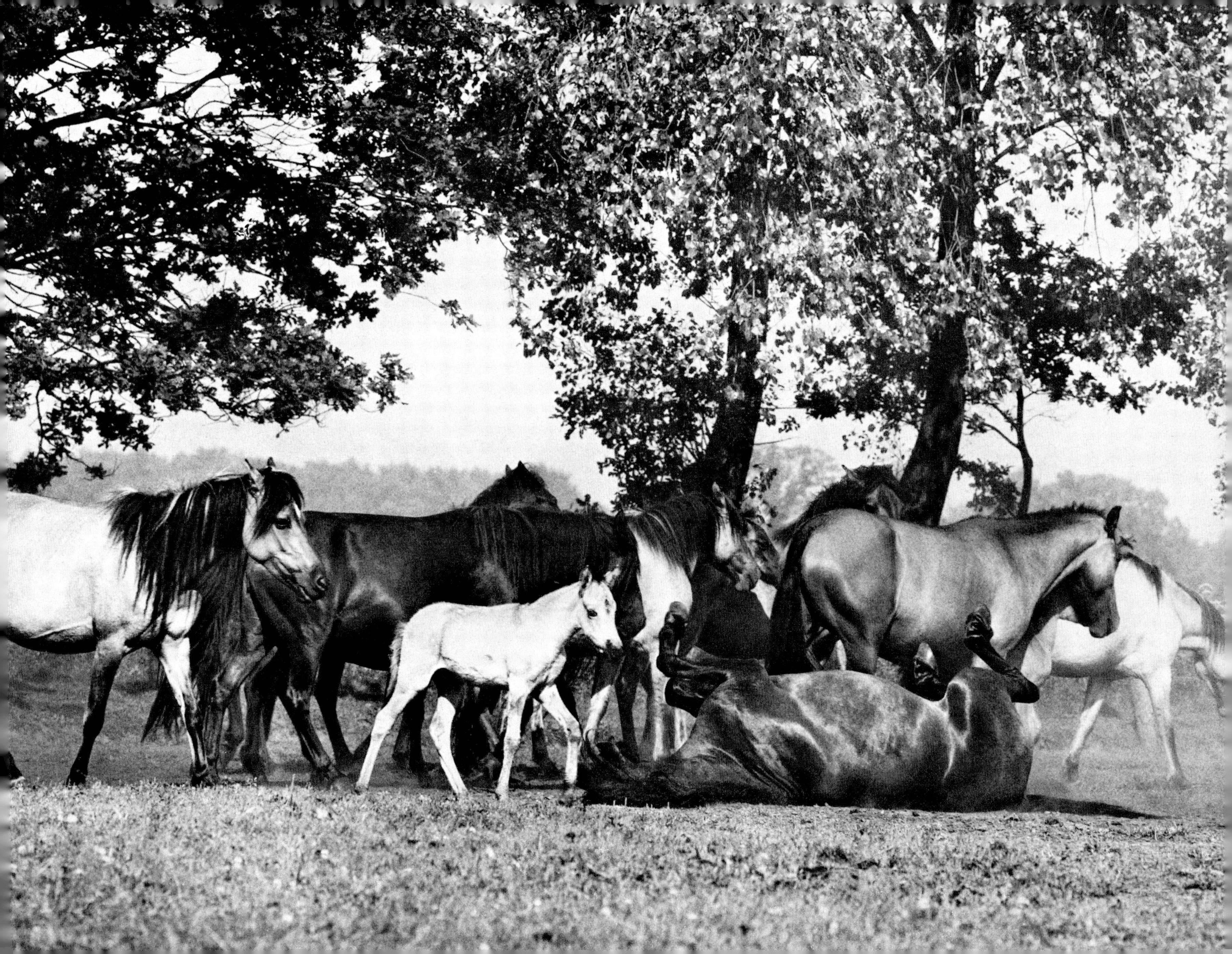

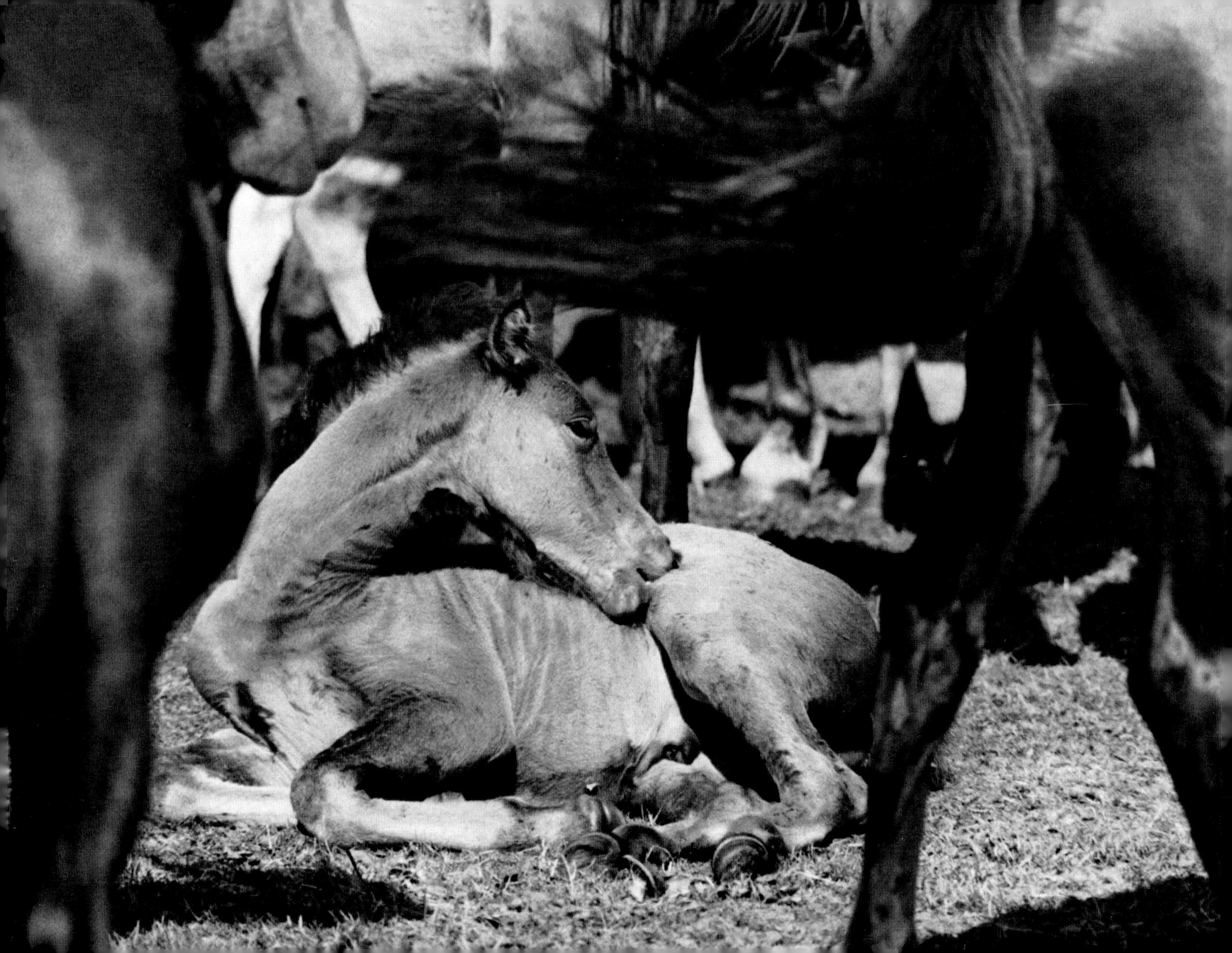

den Hals zieht, für den Criollo, dem die Kugeln der Bola sich um die Beine wickeln – und für den kleinen Hengst, dem sich zu dritt die Fänger an den Hals und auf den Rücken werfen, um ihm das Halfter aufzuzwingen.

Doch ob bestürzend oder nicht: die Hengstlein müssen aus der Herde herausgefangen werden. Sie sind diesen Sommer geschlechtsreif, und der Althengst würde sie übel zurichten, ließe man sie in der Bahn. Um sie zu fangen, *muß* die Herde in ein Fangeck getrieben werden, *müssen* die Fänger sie einzeln jagen. Denn obwohl von weitem Zaun umgeben und auf kultiviertem Boden lebend, wachsen sie ja *unangefaßt* auf. Keines Menschen Hand berührt je ihren Leib, keines Menschen Wille greift je – außer an diesem einen Tag – zwingend in ihr Leben ein. Ist dieser Tag vorüber, hat die Herde ihn auch schon vergessen.

Woher ich es weiß? Ich habe es gesehen.

Ich sah die Herde fortlaufen vor dem geballten, ihren empfindlichen Nüstern unerträglichen Menschengeruch, sah, wie sie sich – die weite Heide vor sich – durch den engen Ausgang drängte, sich rangelnd zum langgezogenen Laufgebilde formte und befreit von dannen galoppierte. Und ein wenig später stehen wir an einer Stelle, wo sie abermals ein Tor durchqueren muß. Aller Blicke wenden sich uns zu (13) – ganz ohne Furcht. Sie wissen, daß ihnen hier, in ihrem alltäglichen Lebensbereich, nichts geschehen wird. Hier sind wir für sie nichts anderes mehr als die Besucher, die sie den Sommer über aus angemessenem Abstand betrachten dürfen.

Im Blick einer einzigen Stute flackert sichtbar Unruhe auf, als sie im Lauf durch den Leib einer anderen von ihrem Fohlen getrennt wird (14). Minuten später verklingt der Schrecken des Nachmittags gänzlich; wälzend lockern die Altstuten die beim Treiben steif gewordenen Glieder, befreien sich im Staub vom unangenehmen Menschengeruch, und die Fohlen sinken im Schutz der Herde und in vertrauter Stille zum Schlafe nieder (14, 16).

Die älteren Stuten machen diesen Nachmittag schon seit vielen Jahren mit, und nie hat sie ein Leid betroffen. Von den nun verschwundenen Jährlingshengsten hatten sie sich innerlich schon getrennt; sind mit ihren Instinkten ganz der nächsten Geburt zugewandt. Die einzigen also, deren Leben der Fang radikal verändert, gehören der Herde nicht mehr an; ihre Erfahrung ändert nichts am Frieden der hier Verbleibenden.

Viele Gegner des jährlichen «Rummels» gibt es, doch kann sich ihre Abneigung nicht auf Mitleid mit der Herde stützen. Sie braucht es nicht. Wie alle Wildlinge besitzen auch die Dülmener noch die echten Instinkte für das *Überleben*. Dazu gehört, daß sie nach erschrecktem Flüchten gleich wieder zur Gelassenheit zurückfinden. Ein «nervöses» Wildpferd wäre ein Unding: von jedem Windhauch aufgescheucht, bei jedem Blätterrascheln zusammenfahrend, durch ein Lachen vom Grasen abgehalten, jedem Schrecken tagelang nachzitternd! Ein solches Pferd ließe die Natur selber erbarmungslos an der eigenen Schwäche zugrunde gehen.

Das heißt natürlich nicht, daß sie keiner nachhaltigen Erregung fähig wären! Als wir an einem milden, regnerischen Tag der nächsten Woche wiederkommen, sind die jämmerlichen Schreie der Jährlinge beim Fang verweht wie nie gewesen; der Herde im Bruch steht eine viel einschneidendere Beunruhigung bevor.

Der Hengst kommt wieder in die Bahn!
Taucht, von zwei Männern gehalten, da auf, wo kürzlich die Füße der dreißigtausend Zuschauer den Boden unter den Fichten zertrampelten, und zerrt am Halfter. Sein grauer Kopf fliegt am schweren Hals auf und ab, die Augen spähen über die Heide, schnarchend zieht er die Gerüche ein, die ihm die Junibrise an die Nüstern trägt: Geruch nach Herde, nach rossigen Stuten, nach Unruhe, die sich bei seinem Auftauchen gar in eine Art Hysterie verwandelt, die Stuten zurückweichen läßt. Frei vom Halfter, galoppiert er auf sie zu, erwittert im Lauf noch eine rossige Stute, schwenkt zu ihr ab, beginnt sie zu treiben – und aufgeregt rennt ihre ganze Familie mit. Ein neues Jahr im Leben der Herde beginnt.

Unruhige Wochen folgen: die unruhigsten des Pferdejahres. Die vor genau zwölf Monaten gedeckten Stuten haben nach elf Monaten Tragezeit im Mai ihre Fohlen zur Welt gebracht und sind zu neuer Liebe bereit. Die Stuten, die jetzt im Juni eine nach der anderen fohlen, erwarten den Hengst nach acht bis zehn Tagen ebenfalls wieder; und ein neuer Jahrgang Nachwuchsstuten drängt sich fordernd an ihn heran. So muß er sich mächtig tummeln, um seine *Pflicht* zu tun – um dafür zu sorgen, daß alle dazu bereiten Stuten ihr nächstjähriges Fohlen empfangen! Von der Stärke seines Paarungsinstinktes hängt es ab, ob reichlich Fohlen geboren werden und die Herde sich gesund weiterentwickelt. Ein guter Hengst kennt jede einzelne Stute und weiß, wann sie ihn braucht. Er bewegt sich grasend von Gruppe zu Gruppe, umrundet die Herde, späht unterm Schopf nach ihr aus, beriecht, was die Stuten fallenlassen, und beträufelt es mit ein wenig Harn, um zu zeigen, daß dies *seine* Stuten sind. In der echten Wildnis grenzen die Hengste ihren Besitz auf diese Weise ab und warnen vor Frauenraub.

Als ich, voll romantischer Vorstellungen von wiehernden, kämpfenden, steigenden Leithengsten,

vor zwanzig Jahren in Island die ersten Herden-Hengste ritt, war ich tief enttäuscht. Sie gingen am liebsten *hinter* den anderen Pferden, wollten die Stuten im Pulk nicht überholen, waren unaufmerksam und recht eigentlich nicht bei der Sache. Ihre Gedanken umkreisten ihre Herde...
Ich mußte mir erklären lassen, daß sie hinten gehen, um alle Stuten ständig im Blick zu haben, daß sie sie aus diesem Grunde nicht überholen mögen, daß diese leise Beunruhigung sie durchaus auch dann erfüllt, wenn keine der Stuten rossig ist! Der Hengst ist sowohl Vermehrer wie auch *Beschützer* seiner Herde, und diese Aufgaben erfüllen ihn so sehr, daß für Theaterwiehern und Denkmalsposen gar keine Kraft mehr bleibt.
Gewiehert wird freilich in diesen ersten Wochen auch so genug – am schrillsten von eifersüchtigen Stuten! Wenn sich, wie oben geschildert, ein halbes Dutzend Stuten gleichzeitig um die Gunst des Hengstes bewerben, geschieht es aus scheinbarem Sommerfrieden heraus oft und oft, daß eine Eifersüchtige den Hengst der Rivalin nicht gönnt, sich trennend zwischen beide wirft und die andere böse quietschend mit den Hinterfüßen bearbeitet. Zimperlich geht's da gewiß nicht zu, und der Hengst steckt im Gedränge auch so manchen Schlag ein. Den (idealen) Hengst kümmert's nicht: Er läßt die Damen den Streit unter sich austragen.
Eines gemächlichen Nachmittags kaue ich auf einem Strohhalm herum und denke gerade, wie wenig Photowürdiges doch geschieht, als sich unvermittelt eine kaum glaubliche Szene abspielt. Scheint doch eine Stute die andere nicht – wie gewohnt – aus Eifersucht wegzubeißen, sondern sie dafür zu bestrafen, daß sie sich gegen den werbenden Hengst allzu spröde zeigt!! Ich traue meinen Augen nicht: eine Kupplerin? Eine, die dem Hengst eine andere Stute *zutreibt?*
Bei Münsterländer Doppelkorn heische ich abends vom Oberförster Aufklärung. Er bestätigt meine Beobachtung nicht nur, sondern erzählt weit Erstaunlicheres. «Und ob es das gibt! Eine kräftige Falbin, sagen Sie? Ja, das ist seine diesjährige Lieblingsstute. Sie ist längst gedeckt und müßte ihn normalerweise längst abschlagen, aber wenn Sie achtgeben, werden Sie merken, daß er entweder in ihrer Nähe weidet oder stets zu ihr zurückkommt. Sie bleibt den Sommer über seine Favoritin. Manchen Hengst sehe ich während aller Sommer bei uns mit derselben Stute eng befreundet, andere wählen sich jedes Jahr eine neue Bevorzugte. Und die Favoritin ist durchaus launenhaft: Mal ärgert sie das Getue einer Zimperlichen, die sie straft, mal ärgert sie sich über eine allzu Willige und beißt sie weg! Pferde sind nichts Mechanisches; eine Herde ist überaus lebendig, da passiert heute dies und morgen das – vor allem in der Liebe...»
Daß ein Hengst sich eine Favoritin zulegt, ist beim Stallpferd nie zu beobachten, weil ihm die

Stuten ja nur während der Rosse an der Hand zugeführt werden. Und unseren draußen lebenden und draußen deckenden Robustpferde-Hengsten läßt man eine Stutengruppe nur jeweils vier Wochen und führt ihnen dann die nächste Gruppe zu. Wohl aber kommt es dabei vor, daß sie eine Stute unverzüglich anfallen, mit Bissen und Schlägen vertreiben und nicht decken wollen.
«Das haben wir hier auch. Manche Stuten kann ein Hengst buchstäblich nicht riechen, auch wenn sie noch so rossig sind. Er läßt sie, wenn sie Glück haben, einfach links liegen; öfter aber richtet er sie übel zu und hält sie sich mit Bissen vom Leibe. Dieses Verhalten ändert sich nie. Solange dieser Hengst in der Herde geht, bekommt die ihm unsympathische Stute kein Fohlen!»
In der Herde befinden sich zwischen neunzig und hundertzehn volljährige Stuten – eine Schar, die in Steppe und Prärie von einem einzigen Hengst gar nicht beieinander zu halten wäre. Streunende Einzelgänger würden bei jeder sich bietenden Gelegenheit eine Anzahl Stuten zu stehlen versuchen; der Stammhengst könnte in übersichtlichem Gelände höchstens dreißig, in buschbestandenem vielleicht zwanzig Stuten und deren Nachkommen bewachen. In Dülmen wird dem Hengst der *Kampf* abgenommen: Kein Rivale bedrängt seinen «Besitz».
Fünfundachtzig bis neunzig Fohlen werden alljährlich geboren, also achtzig bis fünfundachtzig Prozent. «Deckt der Hengst die übrigen Stuten nicht?» möchte ich wissen (bringen doch viele von Menschen gepflegte Ponyherden fünfundneunzig, ja hundert Prozent Fohlen). Doch die Natur kennt keine feste Regel; das Leben in ihr ist den Umständen angepaßt. Herbst und Frühjahr sind in der Wildbahn oft sehr naß (86, 87), das Futter ist nährwertarm, und so geschieht es, daß der Hengst zwar auch zu alte und kränkliche Stuten deckt, diese aber nicht aufnehmen. Ebenso ergeht es jenen Stuten, die ihre Fohlen erst Anfang August oder noch später gebären. Spät gedeckt, brächten sie im nächsten Jahr die Fohlen wieder zu spät zur Welt. Die Kleinen hätten ein paar erträgliche Wochen und müßten dann viel zu jung den strengen Herbst ertragen, gingen geschwächt in den Winter. Sie würden die Sommermonate voll Sonne und nahrhafter Milch, die die früher Geborenen ihnen voraushätten, nie mehr einholen. So «sperrt» die Natur diese vitalen, ganz und gar in ihrem Rhythmus lebenden Stuten. Sie werden nicht befruchtet, sorgen den Winter über nur für sich selber und sind im nächsten Frühjahr besonders ausgeruht und kräftig, drängen früh zum Hengst, bringen im darauffolgenden Jahr ihr Fohlen wieder früh zur Welt und sind in den normalen Geburtenablauf eingependelt.
Ein anderes Problem freier Herden ist es, den Hengst von den zu jungen Stuten fernzuhalten. Ein Freund, der viele Jahre lang eine etwas kleinere Islandherde bei Hannover im Freigelände hielt,

21 Der Hengst kommt in die Herde! Er wittert eine rossige Stute, treibt sie.
22 Eine Stute, die sich absondert? Das kann er nicht dulden!
23 Schnaubend und verärgert läuft er hin und – treibt ein neugeborenes Fohlen hoch!
24 Im Hochsommer verschläft die Herde die heißesten Stunden;
25 wachsam selbst in der Ruhe, hält die Stute den Kopf auf «Ruchnähe» gesenkt.
26 In einem Wald aus Stutenbeinen fühlen die Jüngstgeborenen sich wohl behütet.
27 Erst gegen Abend ziehen die Sippen in langer Reihe zum Grasen hinaus,
28 wach jetzt und einem spritzigen Galopp nicht abgeneigt.

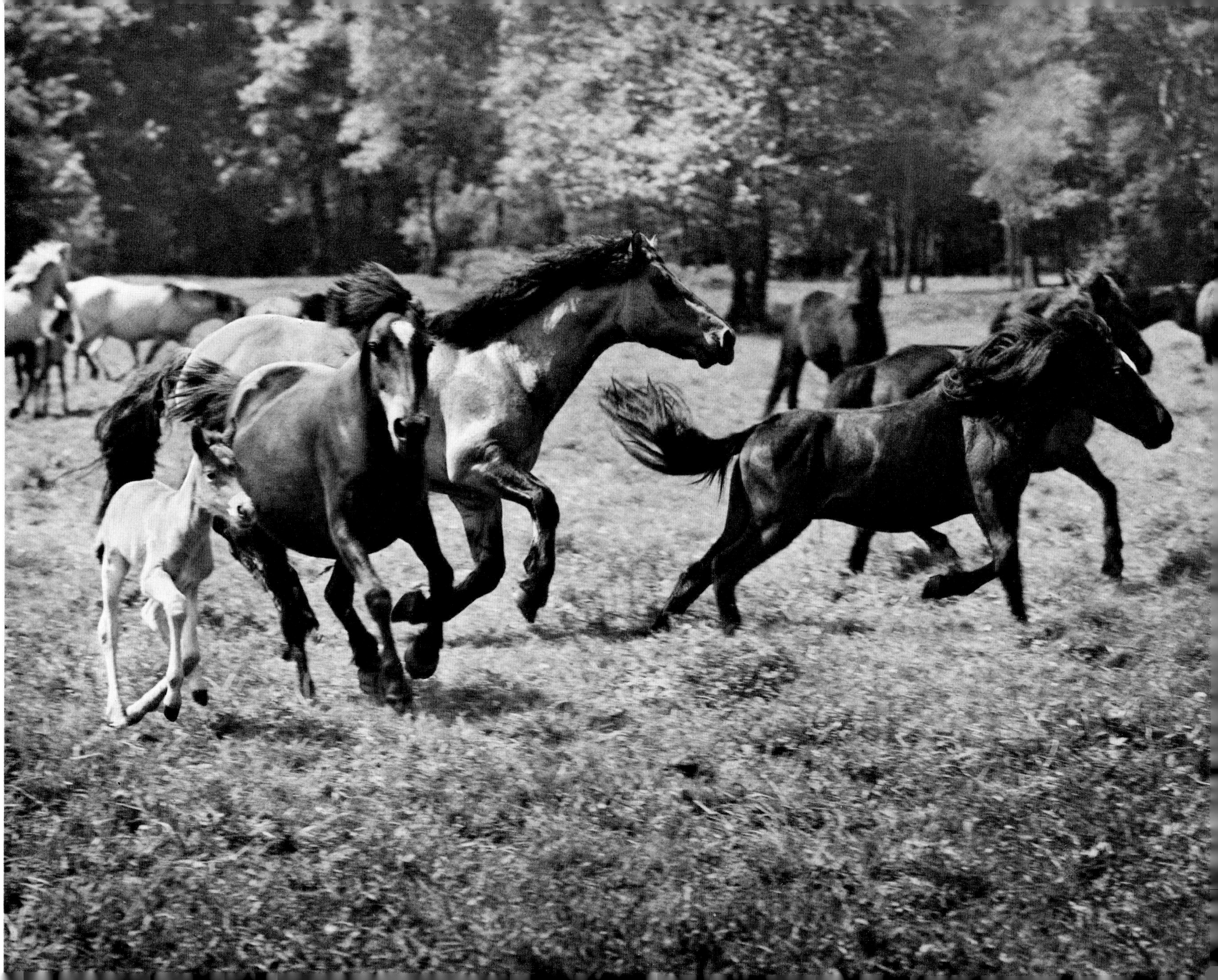

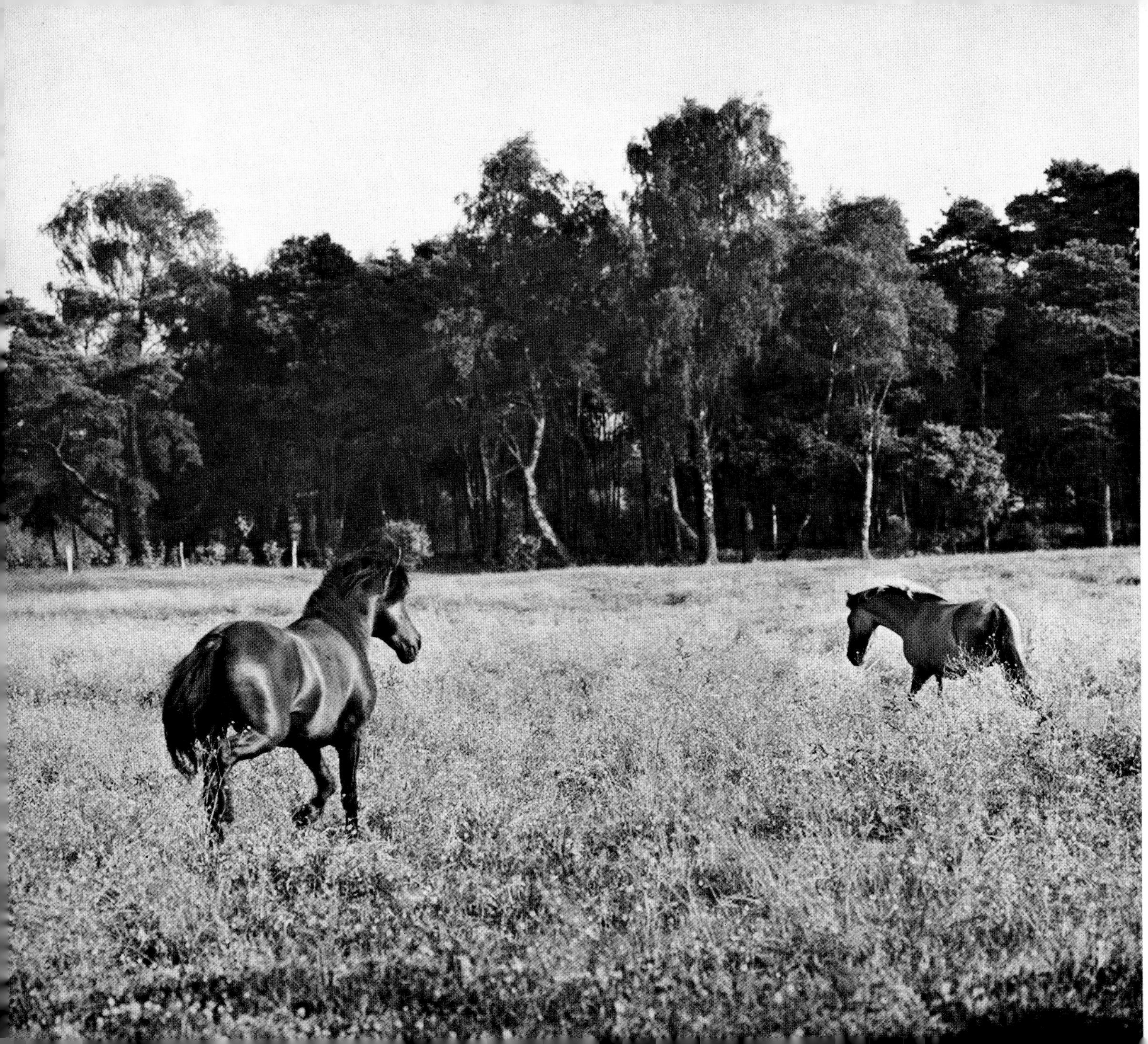

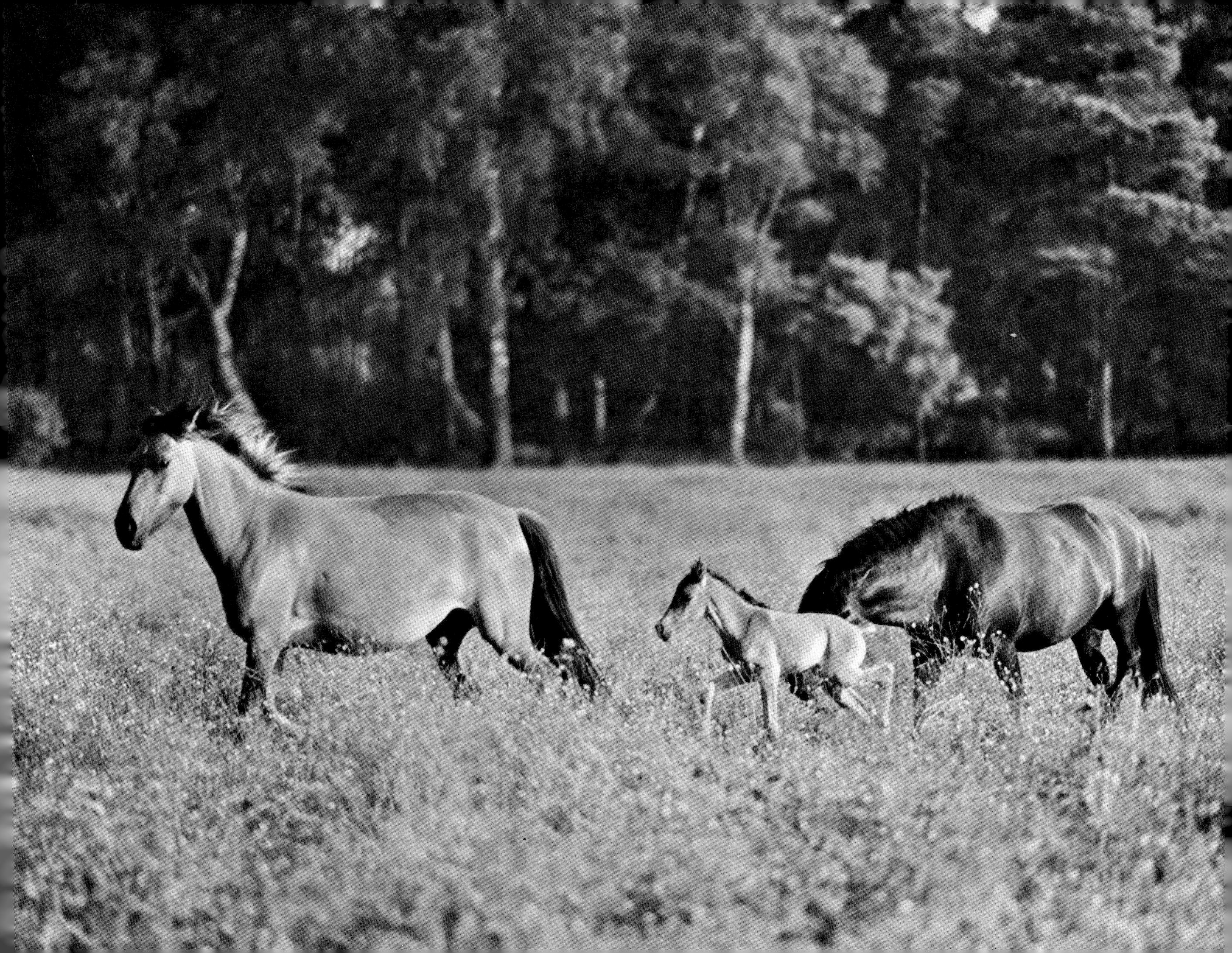

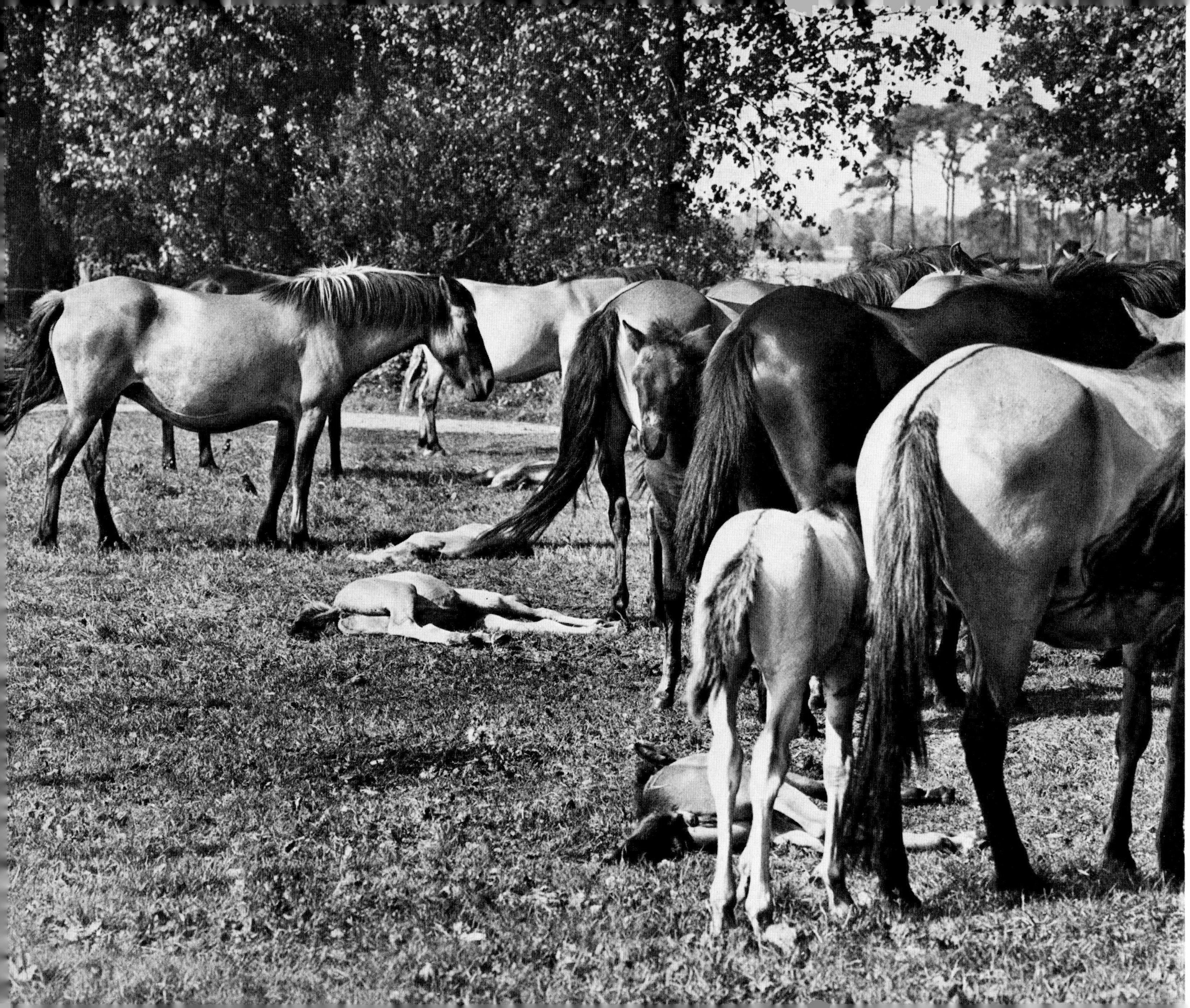

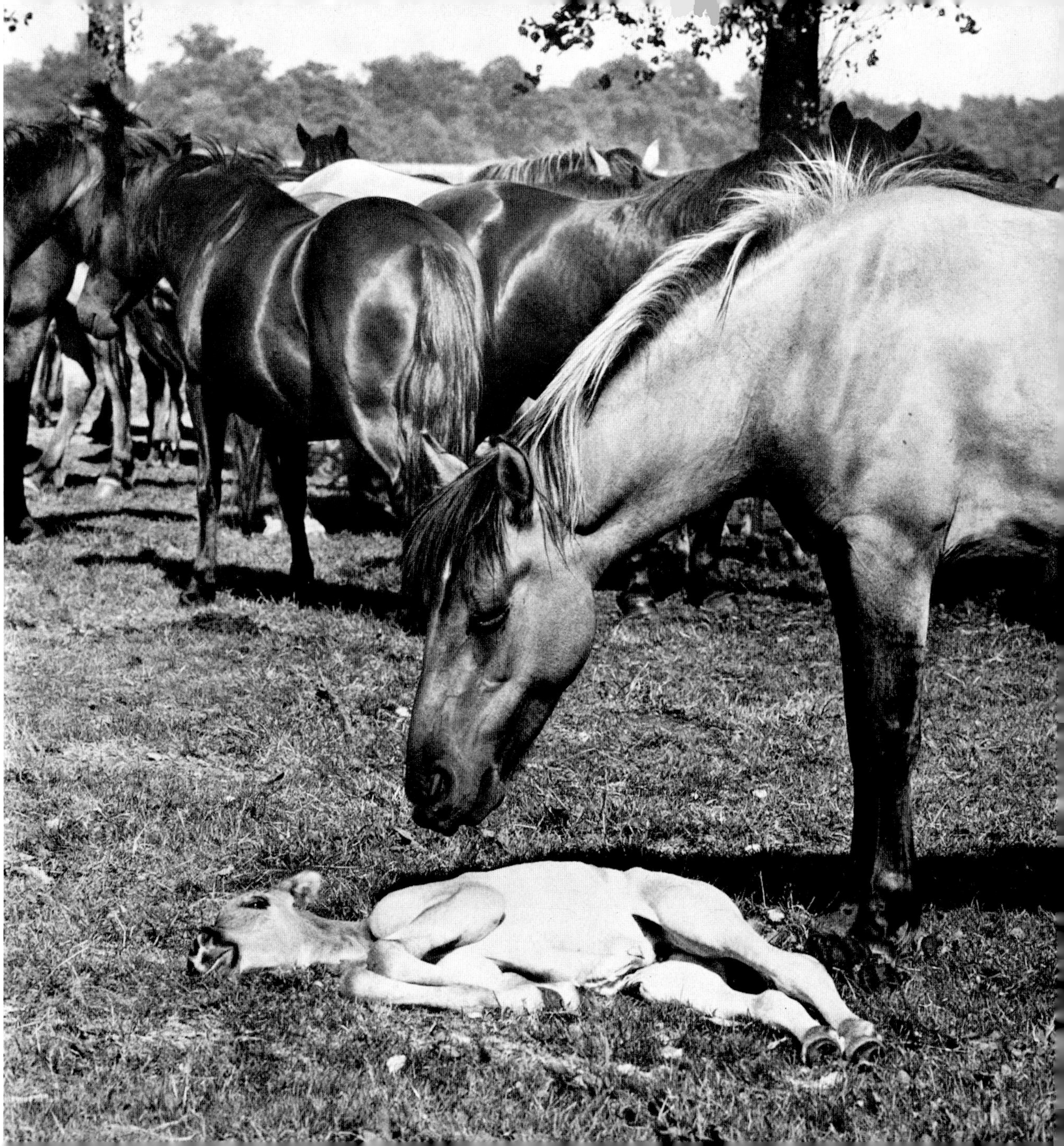

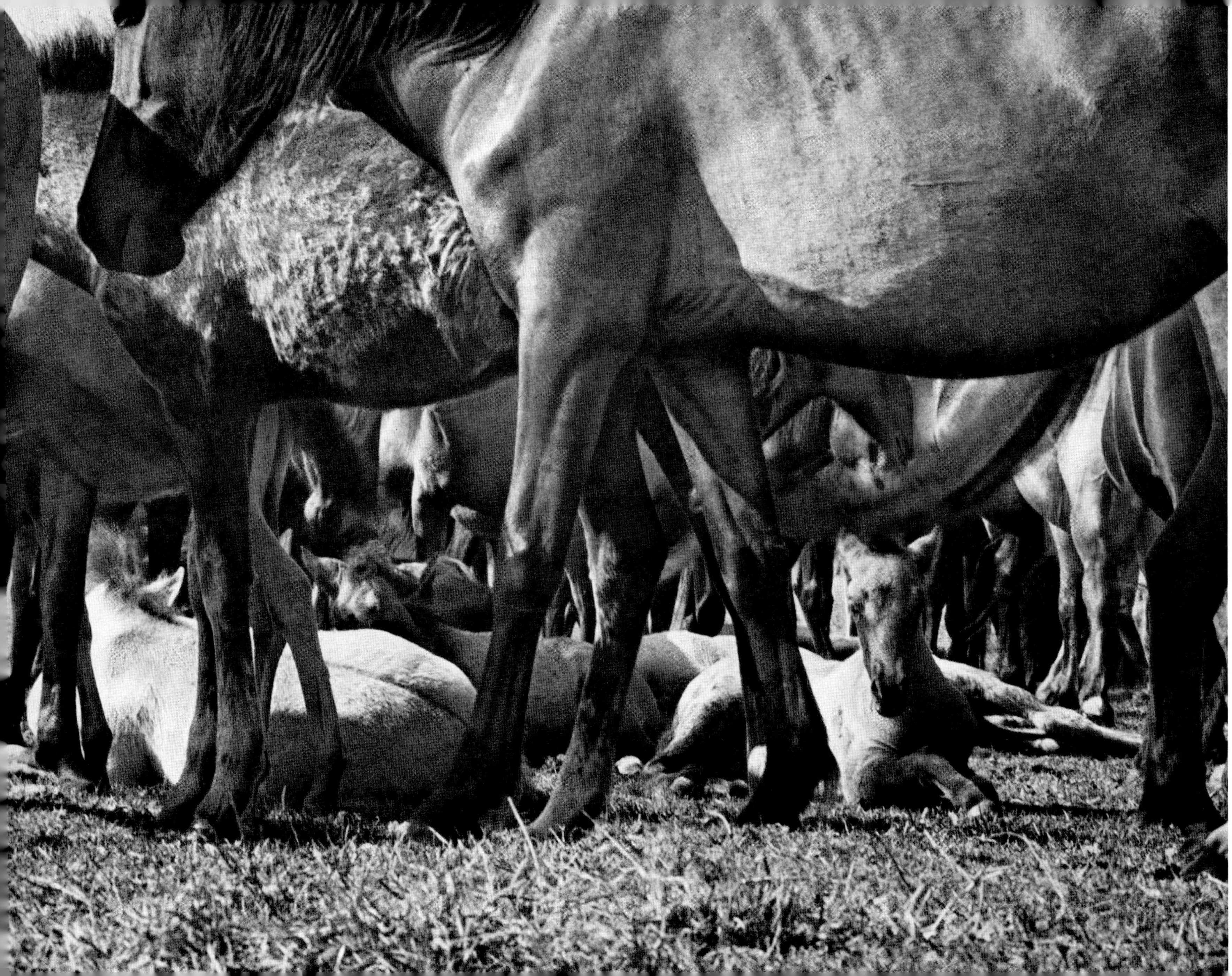

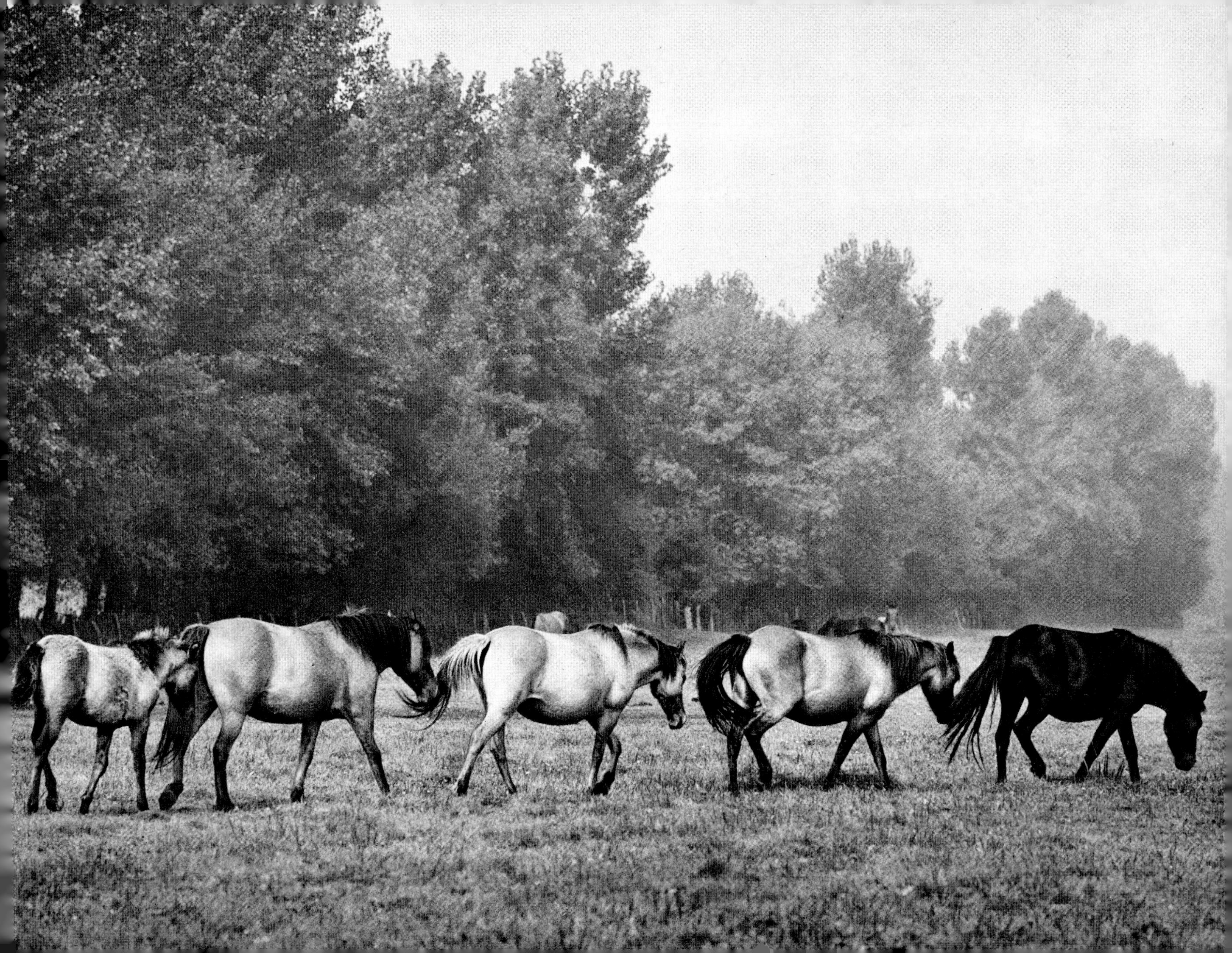

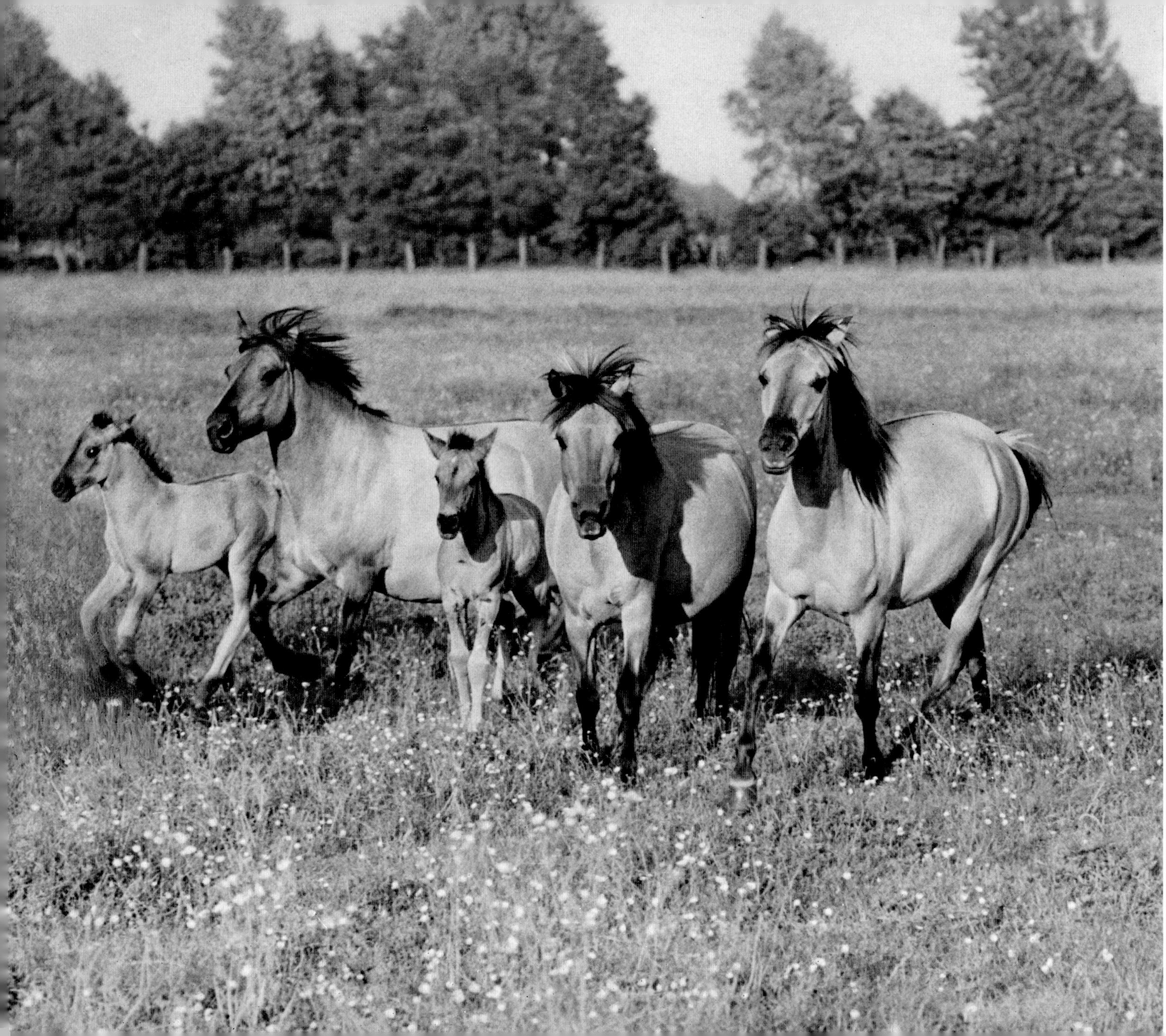

beobachtete, daß die Mütter ihre zweijährigen Töchter notfalls wütend und mit Erfolg gegen den Hengst verteidigten. «Das entfällt bei uns ganz einfach deshalb, weil die jungen Stuten erst mit vier Jahren ausgewachsen sind», sagt Förster Düssel, nie versiegende Quelle genauester Information. «Der Beginn der Reife ist, wie ich festgestellt habe, eng mit dem gesamten Futter- und Gesundheitszustand verbunden. Vermutlich lagen bei Ihrem Freund im Hannoverschen die Futterverhältnisse ungleich günstiger; unsere Heide ist so karg, daß sich die Jungtiere nur langsam entwickeln; nur nach mehreren aufeinanderfolgenden guten Jahren werden auch ein paar Dreijährige schon mal rossig. Meist sind tragende Dreijährige solche Tiere, die ich jahrelang bei der Mutter saugen sah. Kann ja vorkommen, daß die Stute nicht aufgenommen hat, daß sie im Jahr drauf ein Fohlen durch Krankheit verlor – ja, dann saugt eben die ein-, zwei- oder gar dreijährige Tochter immerzu bei der Mutter weiter und erhält die beste, wertvollste aller Nahrung. Im Normalfall läßt die Mutter nur das Neugeborene an die Milch; das Vorjahrsfohlen hat nach der Geburt nichts mehr bei ihr zu suchen und wird energisch abgewiesen.»

«Und wenn nach vier Jahren die ersten Töchter eines Hengstes herangereift sind – wie schützen Sie die Herde gegen Inzucht?»

«Indem wir einen neuen Hengst einsetzen. Das heißt, im ersten Jahr teilen wir die Herde jedesmal und benutzen in weit voneinander entfernt liegenden Gegenden der Wildbahn *zwei* Hengste. Der kräftigste und vitalste bekommt im nächsten Jahr die Herde allein. Es gibt ja bildschöne Hengste, die alle erdenklichen Vorzüge der Farbe und der Statur aufweisen (wir bevorzugen kräftige, nicht zu kleine, mausgraue Hengste), die sich Gott weiß wie feurig gebärden und vielleicht schon hochprämiiert sind – und nach nur vier Wochen in der Herde müde werden. Solche Versager fliegen 'raus, ganz gleich wie ‹schön› sie sind. Blender kann die Natur nicht gebrauchen. Leider können wir trotz des Ausmaßes der Bahn keine Junghengste heranwachsen und um die Position des Leithengstes kämpfen lassen – das gäbe zuviel Unruhe und Verluste. In völliger Freiheit kämpft sich ja stets in vielen Rivalitätskämpfen der gesündeste, schlaueste, wendigste und stärkste Hengst an die Spitze: das ist dann auch der beste *Vater*. Wir versuchen diese Aufgabe der Natur dadurch auszugleichen, daß wir die beiden Erwählten aufs genaueste beobachten.»

Ja – wo könnte man in unseren Breiten eine freie Herde so beobachten? Wo *lebt* der Hengst noch mit seinen Stuten so zusammen? Wo etwa hätten wir jene Szene photographieren können, die auf den Seiten 22 und 23 abgebildet ist?

Wir standen erschöpft vom Nichtstun herum (es «passierte» mal wieder stundenlang nicht son-

derlich viel) und beschlossen bereits fortzugehen, als die Herde sich langsam in eine entfernte Ecke ihres Lebensraumes begab. Zurück blieb eine einzige Stute. Der Hengst, wie üblich am Schluß der Wanderung Bummelanten nachtreibend, wandte sich um, wieherte sie energisch herbei – sie trabte wenige Schritte, zog einen Kreis, gehorchte nicht. Da kam er in gespanntem Stechtrab halbwegs zurück, warf den Kopf auf, scharrte ungeduldig, wieherte wieder.
«Schnell, schnell – stellen Sie um Himmelswillen auf die Stute ein – da ist irgendwas los!»
«Viel zu dunkel dahinten, dafür hab' ich nicht den richtigen Film in der Kamera!»
Doch schon galoppierte der Hengst entschlossen los, auf die Stute zu – blieb stehen. Senkte die Nase tief ins Gras, schien darin herumzuwühlen – schwach keilte die Mutter nach ihm aus – und brachte ein eben geborenes Fohlen auf die Beinchen, trieb es sanft, mit seinem Kopf ab und zu die Flanken stützend, hinter der Mutter her, nicht allzu schnell, aber zielstrebig und unerbittlich. Trieb es bis dicht in den Schutzbereich der Herde – ein sorglicher Herrscher, dem es keine Ruhe läßt, wenn er die Seinen nicht in Blick und Nähe hat...

Im Juli kehren wir in die Wildbahn zurück,
das Thermometer zeigt zweiunddreißig Grad, hüfthoch steht der Roggen an den Straßen, rostgelb, rötliche Hitzeglimmer darüber. In Wiesensenken liegt Hitzewabern wie hauchdünner Nebel, zeichnet sich als Streifen vor stumpfgrünem Buschwald ab. Die Luft ist unbewegt.
Beim Oberförster holen wir uns eines der Schlüsselungetüme, die dreihundert Schlösser auf dem Besitz des Herzogs öffnen, fahren durch die Waldschneise, lassen den Wagen unter den Fichten, wo sonntags die Autos der Besucher halten müssen. Dann treten wir in die senkrecht niederbrennende Sonne hinaus. Irgendwo in dieser Glut muß dichtgeballt die Herde stehen, reglos, lautlos.

Heiß, heiß der Sonnenbrand
Drückt vom Zenit herunter,
Weit, weit der gelbe Sand
Zieht sein Gestäube drunter...
Der blasse Äther siecht,
Ein Ruhen rings, ein Schweigen...

In scheinbarem Durcheinander stehen die hochträchtigen Stuten mit schwerem Bauch und stumpfen Augen da, wachen die Mütter dicht bei den Fohlen, die im Sande liegen. Hier und da berührt eine Wachsame, Besorgte im Schlaf noch mit der Nase fast ihr Kind (24, 25). Viel zu photographieren gibt es nicht; einen Schnappschuß nur hätte ich gern, nach dort, unter die Stutenbäuche, wo im Dunkel des Pulks, sorglos und sicher inmitten eines Walds von Beinen, die Jüngsten ruhen. Für Herdentiere ist Nähe Sicherheit, in brütender Mittagshitze bewirkt sie Schatten, in dem die Friedfertigen vertrauensvoll ruhen.

Auf einem Grabenrand sitzend, betrachten wir die Herde. Die dunkelbraune Farbe herrscht vor: meist an zierlichen, feingliedrigen Tieren, deren einige weiße Ringe um die Augen und ein helles «Mehlmaul» haben. Sie stammen von einem englischen Exmoor-Hengst ab, der nach dem Krieg die Herde stark prägte. Vor ihm wurden gut nach Dülmen passende Pyrenäen- und schlecht hierher passende Welsh-Hengste benutzt. Letztere führten Araberblut, das sich mit Staunässe und Regenklima nicht vertrug und die Stuten insgesamt zu klein machte. Jetzt wählt man seit längerem große, kräftige Koniks aus Polen (22, 23): Auf sie gehen die größeren Hell- und Dunkelfalben zurück, die sich allmählich im Herdenbild durchzusetzen beginnen. Einige von ihnen tragen auf dem Rücken den schwarzen Aalstrich (24), das Abzeichen naher Verwandtschaft zum Wildpferd; wenige haben Zebrastreifen um die Beine.

Die scheinbare Ruhe täuscht. Nach einer Weile werden wir leise Unruhe gewahr: Mitten im Rudel beschnobert der Hengst eine Stute, faßt mit den Lippen ihre Flanke, den Mähnenkamm, beißt sie zärtlich, springt. Als er sich einer anderen zuwendet, schlägt sie ärgerlich quietschend nach ihm, die Ohren zurückgelegt. Töne lösen sich aus der Stille: zittriges Fohlenrufen, tiefe Schnaublaute der Mütter. Je länger man schaut, umso mehr Bewegung bemerkt man; flickerndes, zuckendes Leben überrieselt die Herde: Schweife wehren den Fliegen, Ohren pendeln, Mähnen werden geschüttelt. Vier, fünf Pferde drängeln von innen nach außen, formieren sich hintereinander, ziehen am Rand der Gruppe schläfrig zehn Meter weiter, ordnen sich wieder ein. Gefiel einer Leitstute die Nachbarin nicht? Drängte eine Stärkere dichter zum Hengst hin und schob die Schwächeren hinaus?

Solange die Herde an den Wasserbecken beisammen steht, hält diese stete, wenig sichtbare, leise vibrierende Unruhe an.

Nach einer Stunde löst sich unvermittelt eine Stute aus der Gruppe, marschiert, in langer Einzelreihe von weiteren Stuten und Fohlen gefolgt, trittsicher nach rechts weg (27). Andere Familien bröckeln ab, innerhalb einer Minute ist der Pulk aufgelöst und über die Weide verteilt. Aller Köpfe beugen sich ins Gras.

Weit auseinandergezogen, doch in einheitlicher Richtung weidet die Herde. Unauffällig grast der Hengst dazwischen: hebt ab und zu wie uninteressiert den Kopf, streift mit der Nase ein Hinterbein, reibt eine Bauchlinie entlang – das hohe Quieken, das so typisch für die noch unwilligen Stuten ist, wehrt ihn ab, drohend wird ein Hinterbein gewinkelt – der erfahrene Hengst ist längst grasend einen Meter zur Seite gewichen. Wozu Kraft verschwenden? Ist die Stute bereit, treibt die Natur sie ihm zu oder veranlaßt sie, seine Annäherung freundlich zu gestatten.
Eine halbe Stunde später stehen sie wieder dicht an dicht, ein dunkler Haufen aus stumpfem Braun und Gelb auf fahlem Sand. Einige Krähen lassen sich träge auf ihnen nieder und picken ohne rechte Lust nach Ungeziefer. Die Hitze verschluckt alle Farbe; ihr ist auch mit anderen Objektiven, anderen Filmen nicht beizukommen. Wir gehen.

Als wir wiederkommen,
ist der Sommer älter geworden und milder.

Die Luft hat schlafen sich gelegt,
Behaglich in das Moos gestreckt;
Kein Rispeln, das die Kräuter regt,
Kein Seufzer, der die Halme weckt.
Nur eine Wolke träumt mitunter
Am blassen Horizont hinunter...

Die Stuten, die nicht gerade fressen, träumen auch, stehen nicht mehr dumpf-brütend sondern freundlich-müde neben ihren Kindern. Die sind jetzt meist sechs, acht, zehn Wochen alt, sind stämmiger geworden, sehen verständiger aus. Bei den Falbfohlen treten die schwarzen Ringe um die Augen, das Schwarz ums Mäulchen deutlicher hervor. Immer noch dicht bei der Mutter stehend, schauen sie uns schon prüfender an, halten dem Photographen keck oder gleichmütig ihr Gesichtchen hin (34, 35). Sie wissen sich behütet, sind gesund. Nichts Böses ist ihnen bis jetzt begegnet: ihre Welt ist *sicher*. Es ist Sommer.
Die Herde ist locker im Gras verstreut. Nach der hektischen Unrast des Juni, der lähmenden Hitze des Juli sind die Mütter nun entspannt dem jungen Leben an ihrer Seite zugewandt. Sie grasen mit eifernder Begierde, heben kaum den Kopf vom Boden: fordern die Heranwachsenden doch nachdrücklich, daß ihr wachsender Hunger zu jeder Zeit gestillt werde!

33 Zwischen Butterblumen und Margeriten wachsen die Fohlen heran,
34 Mutters Schweif wedelt die Fliegen fort,
35 Mutters Nähe gibt Mut zu keckem Blick, gibt Sicherheit und Selbstvertrauen.
36 Suchend hebt eine schöne Falbin den Kopf, zieht prüfend die Luft ein,
37 beginnt unruhig die Weidenden zu umkreisen –
38 wiehert angstvoll und laut, bis sie mit einemmal das hohe, dünne
39 Jammern des verlorenen Kindes hört und freudig zu ihm galoppiert.
40 Nicht immer freilich endet solche Suche glücklich...

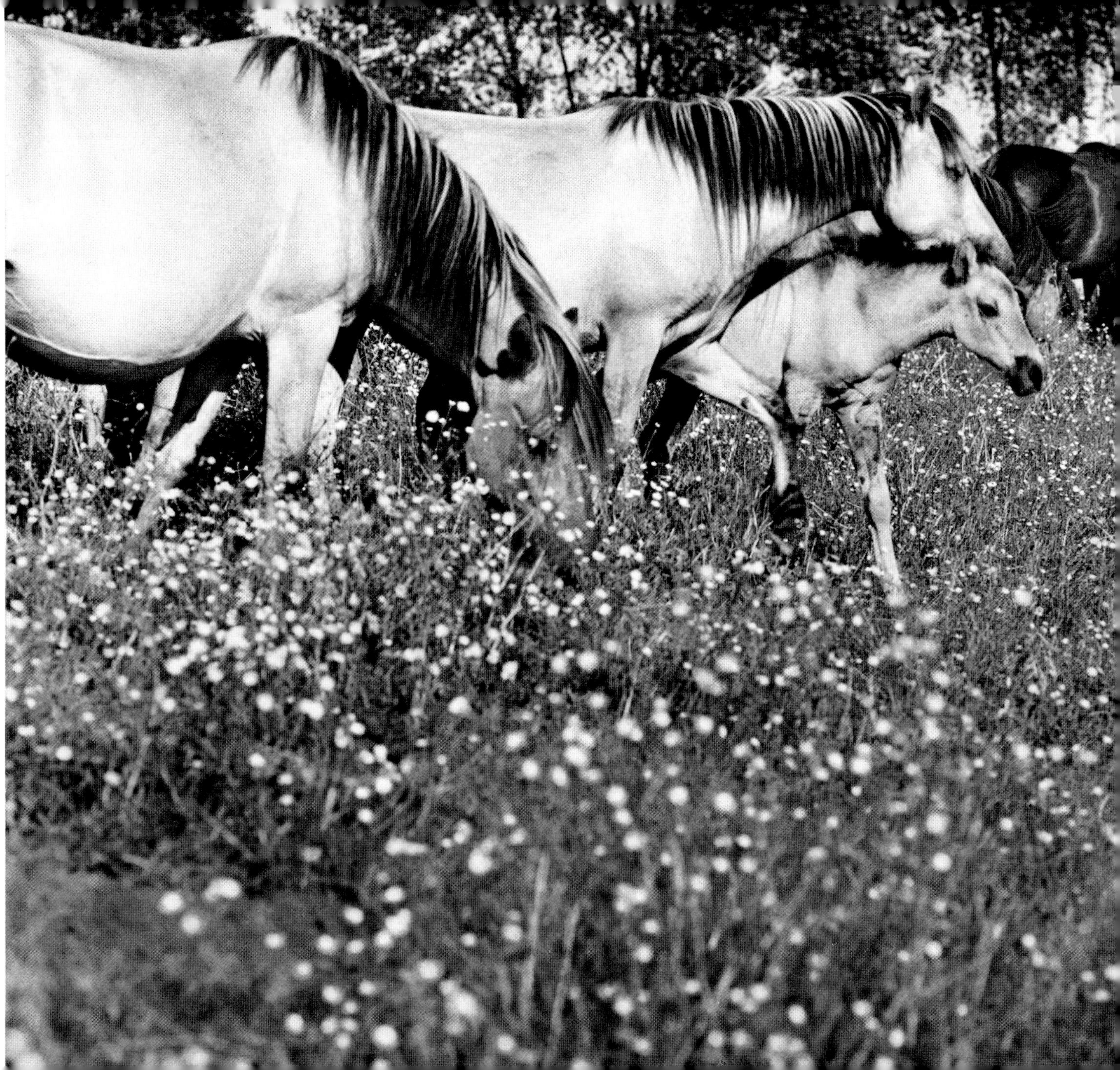

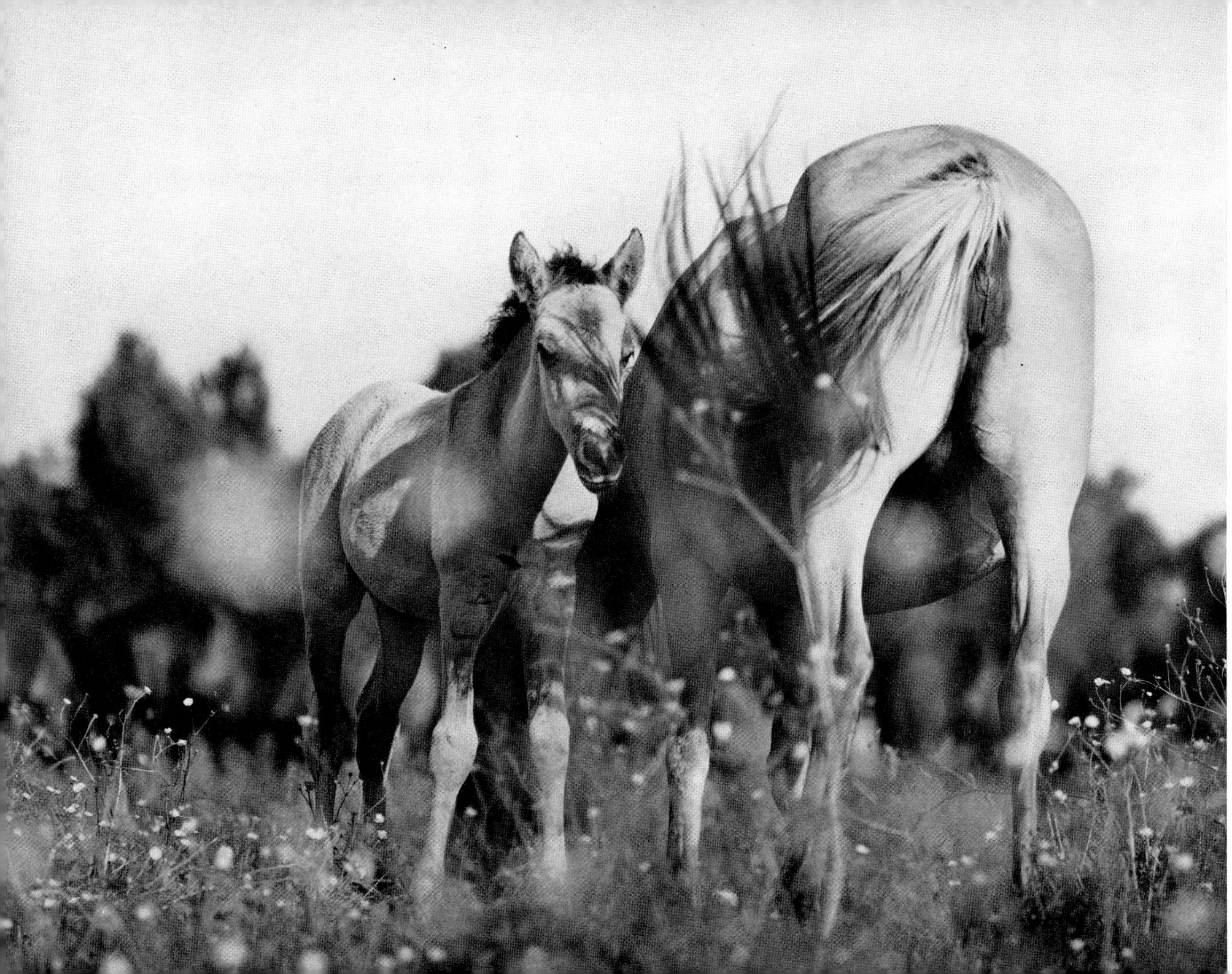

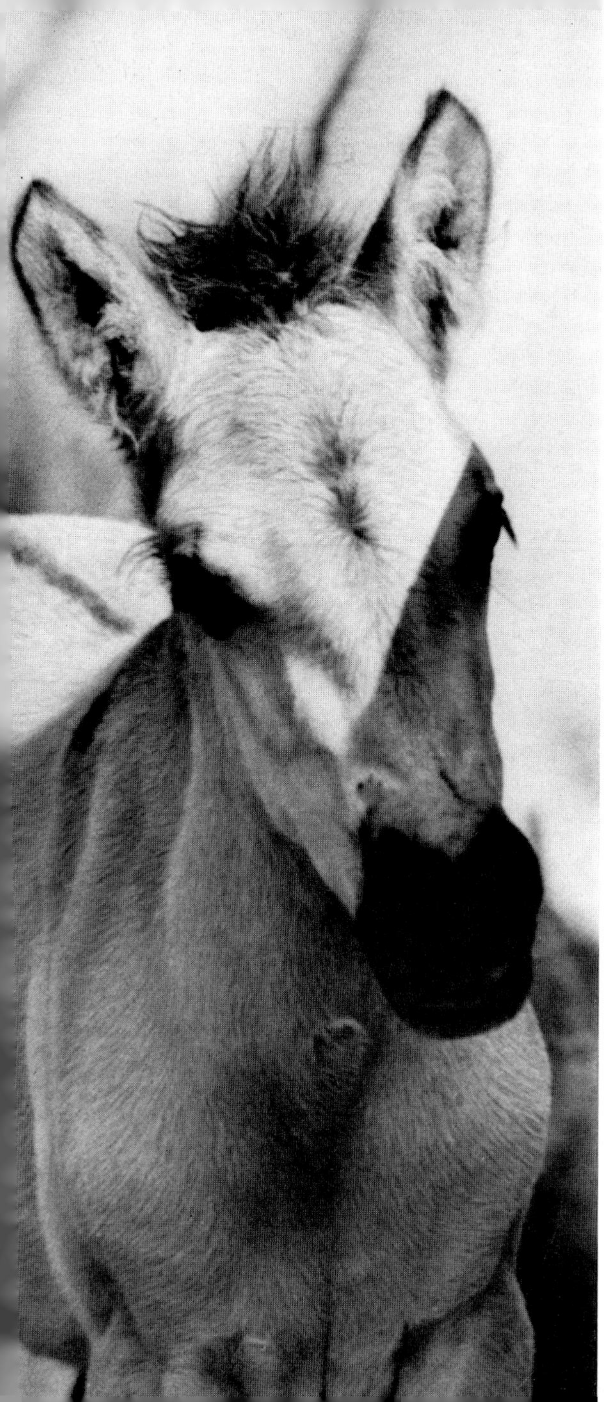

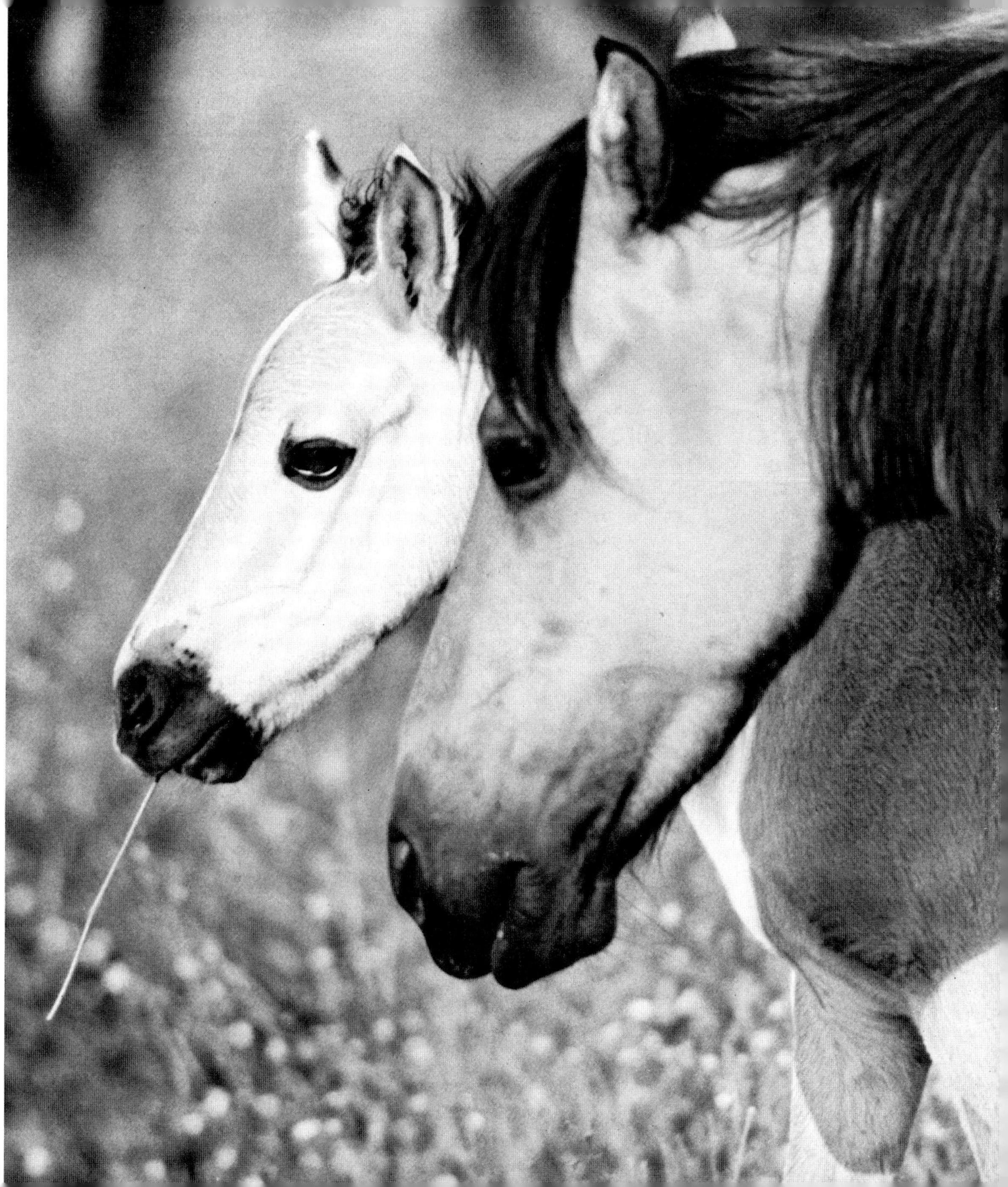

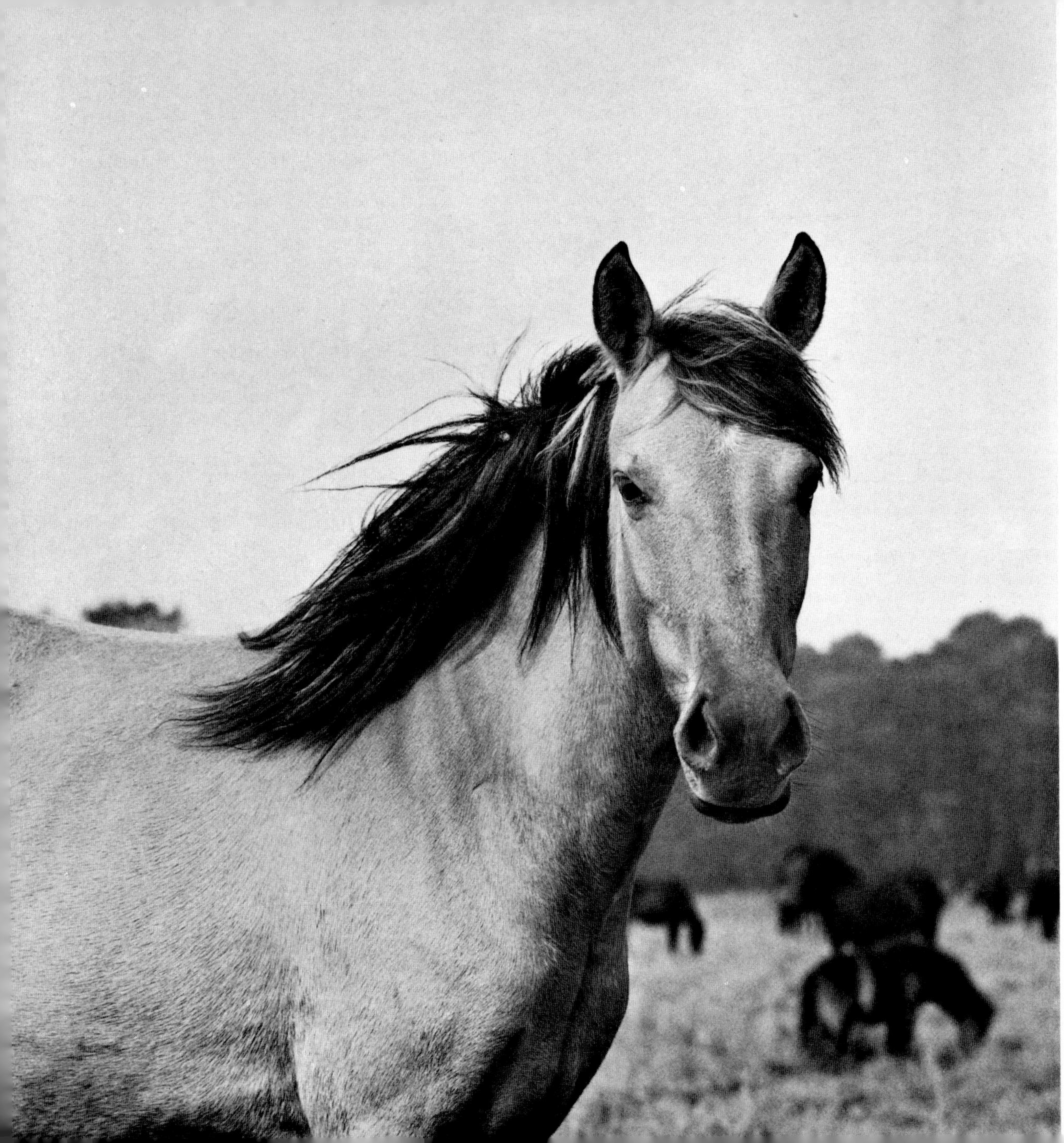

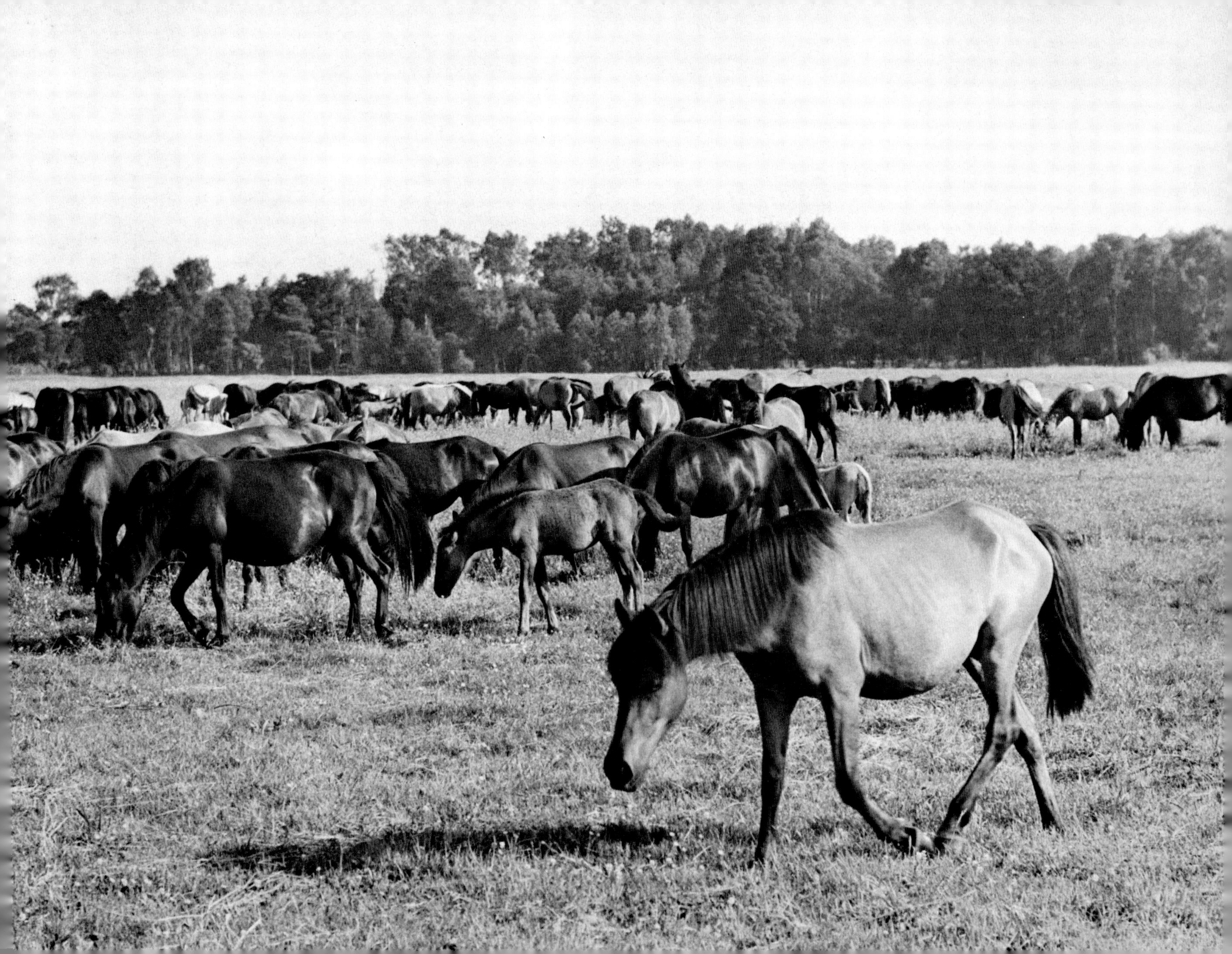

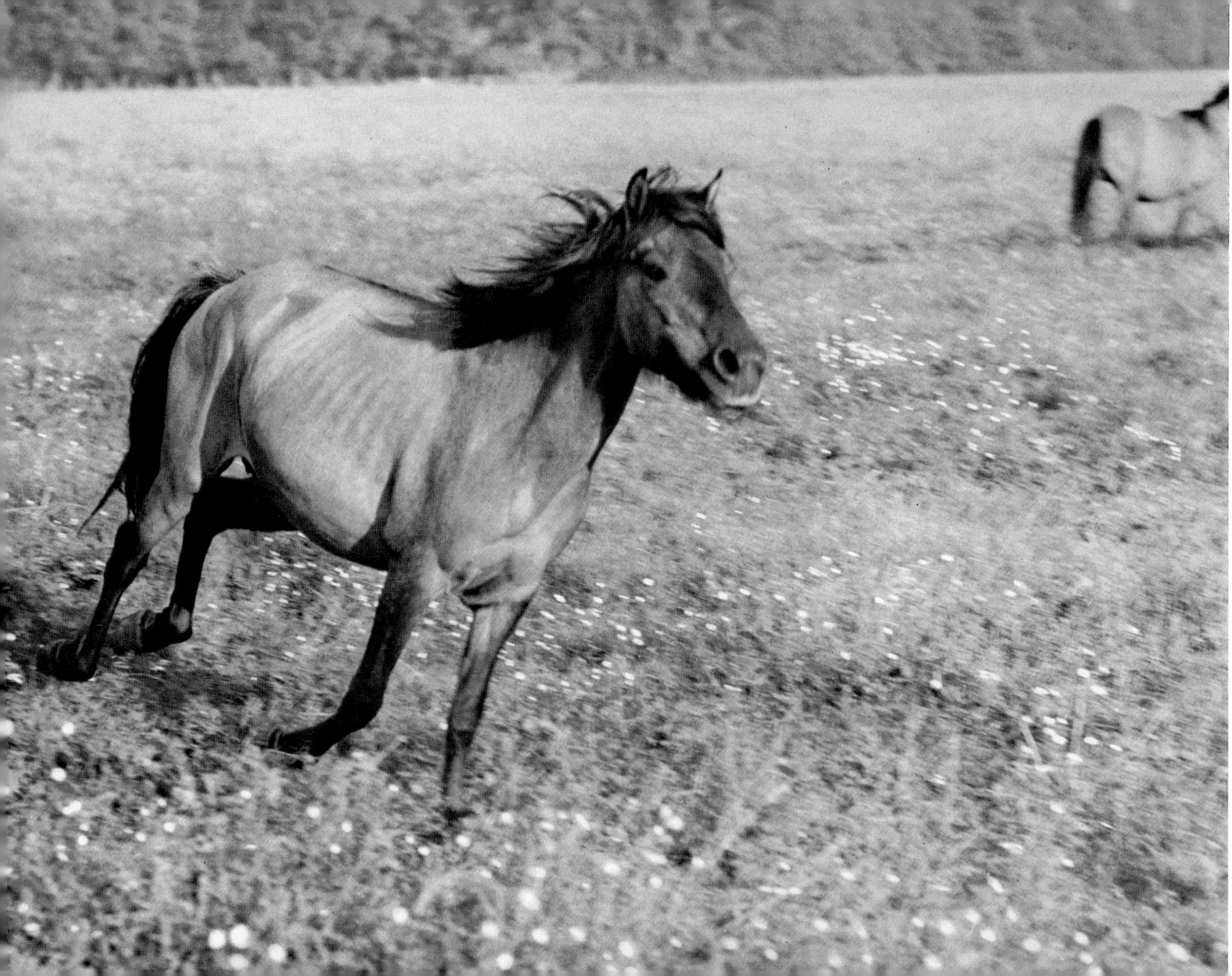

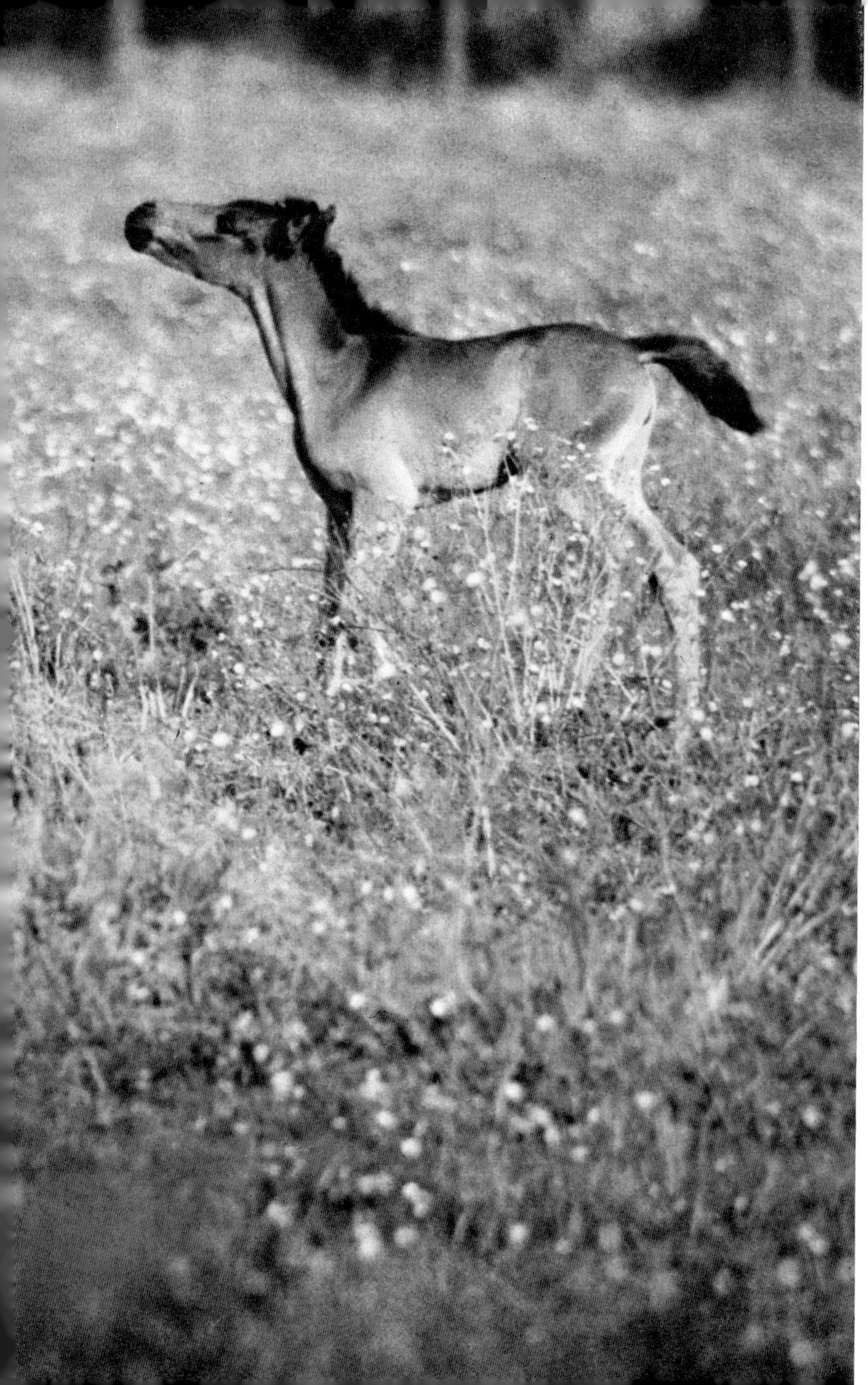
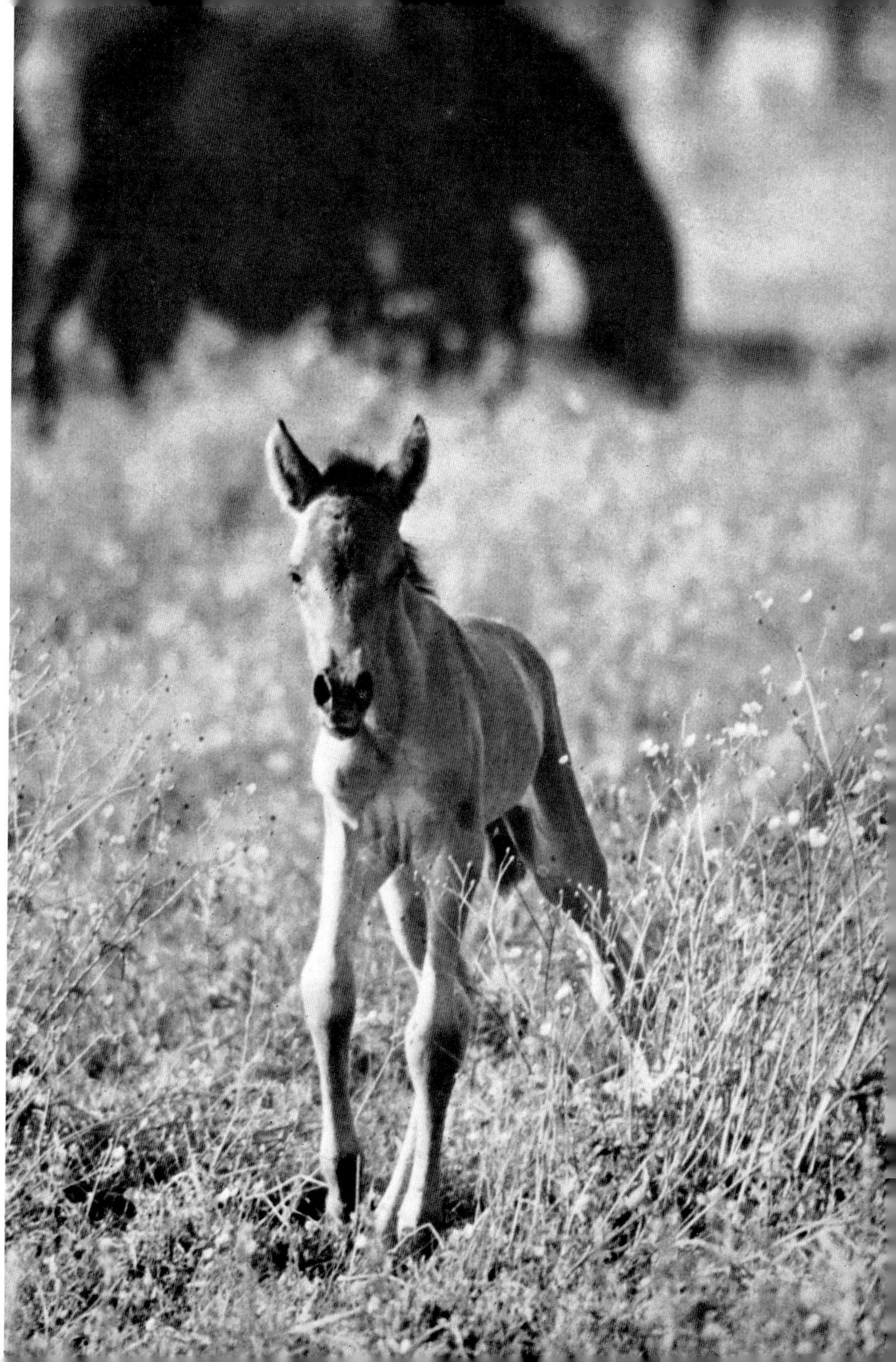

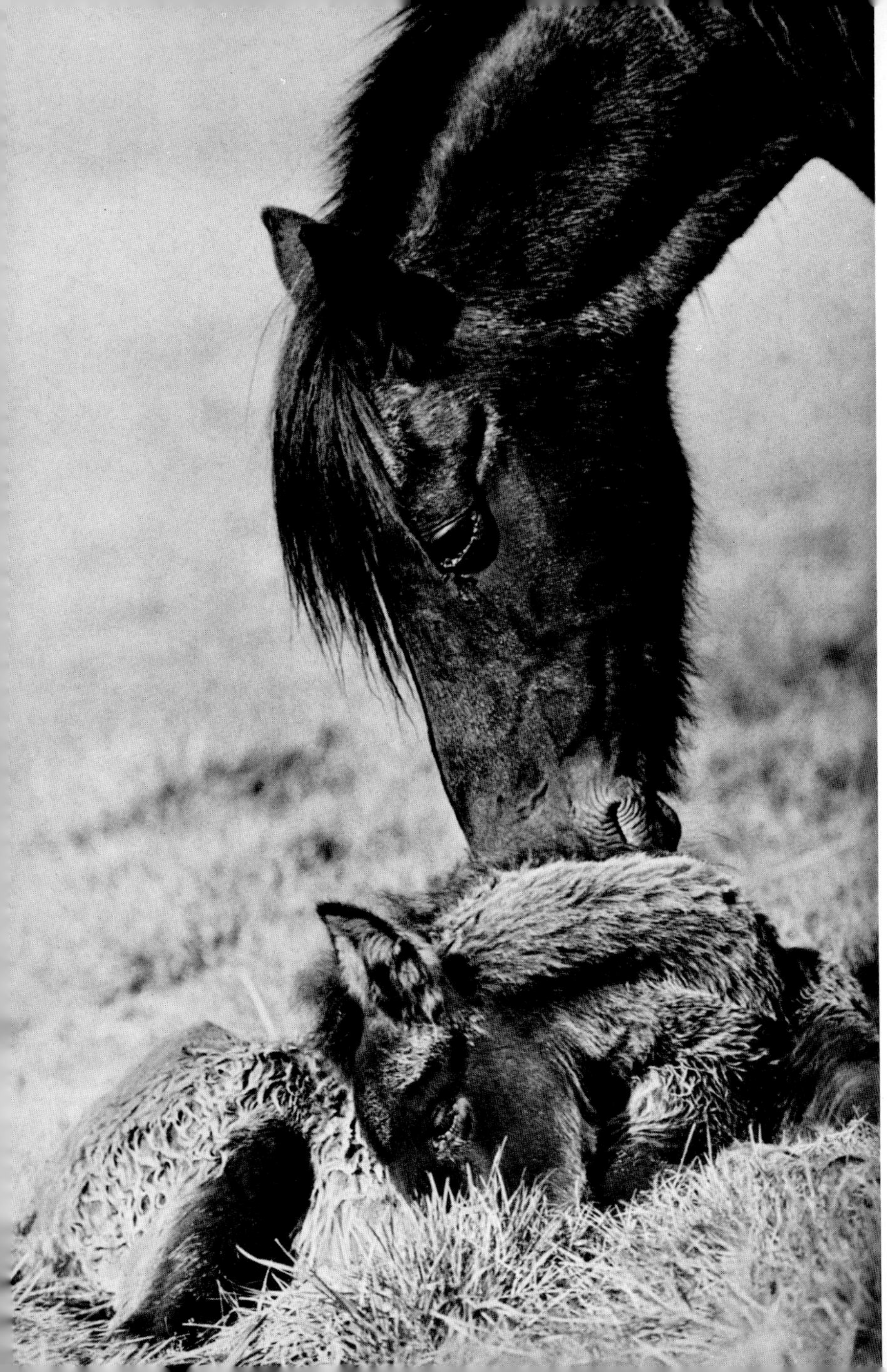

Als ich eines Tages allein umherstreife, beobachte ich, wie eines der ach so lieblichen, so rührend zarten Geschöpfchen die Nase vorstößt, sich suchend umschaut, erst leise, dann kräftiger ruft, die Mutter in erschöpfter Rast am Boden liegen sieht – und sich entschlossen bemerkbar macht: zwei Schritte ohne Zögern, ein Vorderbein gehoben und munter gegen Mutters Bauch getrommelt – das wird sie schon wecken!

Fast alle Stuten haben um diese Zeit geboren, tragen wieder neues Leben in sich. Zufrieden, von keiner Arbeit abgelenkt, widmen sie sich der Pflege ihrer Kinder.

So wäre also alles eitel Glück und Sonnenschein um diese Sommerzeit? Ach nein, die Natur ist nicht sentimental noch romantische Glücksspenderin: Nie erlaubt sie ihren Geschöpfen, allzu sicher zu werden, über dem Frieden die Not zu vergessen.

Eine Falbin fällt uns auf, die nicht grasen will, sondern umherwandert. Einmal schaut sie eindringlich zu uns hin, dreht sich um, beschnobert intensiv ihre Flanke, zieht hörbar Luft ein. Wir verfolgen interessiert eine halbe Stunde lang dies seltsame Gebaren. Sie drängt sich quer durch die Weidenden, den Kopf mal dicht am Boden, mal witternd hochgehalten – und wiehert auf eigentümlich rufende Weise. Sie scheint ihr Fohlen verloren zu haben; das Wiehern klingt so klagend! Mehrmals umkreist sie die Herde (36, 37), nähert sich Fohlen, deren Mütter mit zurückgelegten Ohren und zornig nach ihr schnappen. Angesteckt von ihrer Not, suchen wir mit. Steht da nicht ein einzelnes Fohlen? Nein, das gehört zu einer ganz alten Stute. Und das kleine Schwarze drüben? Ein Rappfohlen als Kind falber Eltern? Wohl kaum... Und dann sind doch wir es, die zuerst das ängstlich-hohe Piepsen vernehmen und ein ganz junges Füllen photographieren können, das mit angstvoll gehobenem Kopf, den Hals gespannt, im hohen Gras steht (39). Da wirft, ein großes Wiesenstück entfernt, auch die Stute mit einem Ruck den Kopf auf, stellt die Ohren vor und antwortet mit kräftiger, freudiger Stimme – folgt dem dünnen Jammerton des Fohlens, bis ihr Kind sie sieht, sich unvermittelt aus einem verängstigten Baby in ein zuversichtliches kleines Wildpferd wandelt und die Knorpelbeine eilig in Bewegung setzt (38, 39)!

Als wir die Herde einmal in einen Kiefernwald treiben ließen, wollten August, ältester Wildbahnarbeiter, und seine Helfer von den benachbarten Höfen bei einem zweiten Versuch nicht mittun: Sie fürchteten, die eine oder andere junge Stute könne dabei ihr Fohlen verlieren.

Bei einem einzigen Treiben, innerhalb einer einzigen Stunde? Das wollte uns nicht in den Kopf. Sie aber hörten unseren Zweifel kaum, so beschäftigt waren sie damit, die Pferde zu sortieren. «Hat die Dunkelbraune mit dem langen Schwanz nicht vorgestern gefohlt? Siehst du das Kleine?

Ah ja, ist wieder bei ihr... Gehört das kränkliche Ding da nicht zu der alten Exmoor-Stute? Ich mein' wohl. Treiben wir's mal hin – siehst du, das war die Mutter!» Sie kennen jede Stute, jede Familie, jedes Fohlen. Hört man sie erzählen, so erfährt man bald, daß sie als Kinder schon sonntags mit den Eltern in die Wildbahn gingen – und während der Woche nicht selten ohne die Eltern, mit ein paar anderen Lauselümmeln, um jenen Unfug zu treiben, der ihnen heute solche Sorge macht: um womöglich den Hengst einzufangen und zu reiten (und herunterzufallen), die Stuten zu jagen, mit den Fohlen zu spielen. Die Herde ist Teil ihres Lebens; die Augen der ältesten Bauern glänzen, wenn sie von «früher» berichten, von «damals, als wir noch in der Wildbahn für den Herzog Heu machten und das Heufest feierten». Sie lieben die Pferde – aber ist ihre Sorge um die Fohlen nicht dennoch übertrieben?

Nein, das ist sie nicht!

In freilebenden Herden – ich weiß es zur Genüge von unseren Isländern – gibt es Stuten, die an der «Muttersucht» leiden (einer auch beim Menschen bekannten Hysterie). Sie wollen Mutter sein, auch wenn sie kein Fohlen geboren haben – und so stehlen sie sich eins! Sind die Unfruchtbaren starke, ranghohe ältere Tiere, gelingt es ihnen nur zu oft, einer jüngeren, unerfahrenen und rangniedrigeren Stute ihr Kind mit Gewalt zu entführen und die Mutter wütend wegzuschlagen. Beim Treiben geschieht es besonders leicht, daß sich ein blutjunges Füllen in ihre Nähe verirrt und von ihr nicht mehr abgegeben wird. Diese oft erst tagalten Fohlen finden den Weg zur eigenen Mutter nicht mehr zurück, begleiten die Ältere – und verhungern natürlich neben ihr, denn diese unfruchtbare Stute hat ja keine Milch! Nach spätestens acht Tagen zerren die Füchse einen kleinen Kadaver ins Gebüsch.

Und die Mutter? Ist sie sehr jung, hat sie ihr Kind nach zwei Tagen vergessen. Alten, erfahrenen Stuten passiert so ein Malheur nicht: Sie lassen ihre Füllen nie aus den Augen, rufen sie sofort zurück, lassen sich weder vom Hengst noch vom eigenen Hunger je ganz ablenken.

Auch auf andere Weise stirbt im Laufe des Jahres manch ein Fohlenkind, beugt manche Stute nach langem Suchen die Nase über ein totes Fohlen (40). Während die Gesunden heranwachsen und erstarken und ihr Fell sie warm umhüllt (34), sinken andere in sich zusammen, schweißnaß, regennaß, mit verklebtem Fohlenflaum am dünnen Körperchen – verhungert, weil die Mutter nicht genügend Milch hat, von Fohlenlähme oder Lungenentzündung hinweggerafft, versehentlich vom Schlag eines größeren Tieres getroffen und innerlich tödlich verletzt, von Würmern zerfressen.

Ist die Stute eine gute Mutter mit ausgeprägtem Instinkt, dann treibt es sie tagelang, wochenlang vom Grasen auf, und sie sucht und sucht, was sie nie wieder finden wird. Ist sie jung und verspielt, kümmert sie sich wenig um ihr lebendes und garnicht um ihr totes Kind. Die nächste Rosse treibt sie zum Hengst, im nächsten Jahr wird sie wieder Mutter und ist reifer, verständiger und sorgsamer geworden. «Alle Stuten gleich, weil sie gleichartig vor sich hingrasen? Daß ich nicht lache! Ich habe Stuten gekannt, die beim ersten Fohlen so kitzlig waren, daß sie selber es abschlugen und davonliefen und es verhungern ließen. Alles kommt vor.»

Wir sehen Tod und Leben dicht beieinander in der Herde. Sehen, wie ein Jährling, verkümmert, abgemagert und mit stumpfem Fell, dasteht und den Kopf hängen läßt – sehen auch, wie die vorüberziehenden Artgenossen nach diesem Tierchen schnappen, ihm einen schnellen Schlag mit der Hinterhand versetzen. «Ein Todeskandidat», sagt dann der Förster. «Die Gesunden wollen nicht mehr mit ihm leben, sie stoßen ihn aus ihrer Gemeinschaft aus. So, wie es am Ende auch den Greisinnen geschieht. Zur reinen Arterhaltung stoßen wildlebende Tiere – Bock und Rothirsch nebenan im Wald machen es genau so – die Kranken ab.»

In der Wildbahn gibt es keinen Tierarzt; der Mensch mischt sich ins Herdengeschehen nicht ein. Das ist ein Prinzip des Herzogs, der hier in voller Einzigartigkeit die *Freiheit* erhalten will: Freiheit unbekümmerten Lebens, Freiheit artgemäßen Todes.

«Könnte man die Kranken denn nicht wenigstens mit einem wohlgezielten Schuß erlösen?»

Oberförster Düssel zögert. Ob ihn manchmal das Mitleid überkommt, ein Schuß fällt? Er spricht es nicht aus. «Ach, wissen Sie, ein Schuß ist so endgültig. Je länger ich hier bin, umso nachdenklicher macht mich die Natur, umso weniger möchte ich mich einmischen. Ich erinnere mich eines Fohlens, das mit zwei Tagen ein Ekzem am Knie bekam. Daraus entwickelte sich eine Beule, groß wie ein Gänseei. Die Mutter verwöhnte das Tierchen ganz auffallend, hielt sich mit ihm abseits, damit kein Schlag oder Schubs es traf, trennte sich schließlich ganz von ihrer Sippe. Dennoch blieb es schwach und klein und setzte sich im Winter nur mühsam durch, denn die Vitaleren merkten sofort: ‹Aha, das ist ein Kümmerling!› und stießen es unbarmherzig fort. Dann erwischte es zu allem Unglück noch einen Schlag an die Vorhand, das Kniegelenk wurde ihm eingedrückt, es blieb sein Leben lang klein. Eine starke Stute wurde nie draus – aber eine zähe! Und eine Mutter, die ihre Zähigkeit vererbte, die den außerordentlichen Sorge-Instinkt ihrer Mutter geerbt hatte und ihn ihren Kindern weitergab. Es waren ja lauter äußere Umstände, die das Fohlen verkümmern ließen, keine schlechten Erbanlagen. So wurde sie selbst zwar ein ‹Beinahe-

Todeskandidat›, ihre Kinder aber waren gesund und groß und sie selbst somit ein nützlicher Teil der Herde.»

Ein andermal wies ich auf eine Zweijährige, die munter mit einem knorpelig verheilten *Bruch* herumlief. «Tja – noch so eine Abschußkandidatin, die mal eine gute Mutter werden wird. Wenn überhaupt, so würde ein Fohlen mit gebrochenem Oberarm ja wohl zuerst erschossen, da ein Bruch ungeschient und unbehandelt nicht verheilt. Es geschah im heißen Sommer. Wenn da die Herde ganz dicht beieinander steht, kommt es im Gerangel vor, daß eine Stute mal gereizt auskeilt. Zufällig stand das Kleine im Weg, zufällig erwischte es den Schlag... zufällig war es noch so jung, daß sein Bewegungsdrang nicht sehr ausgeprägt war, zufällig legte es sich am Rande eines im Sommer trockenen Grabens ab. Was soll ich noch sagen? Die Stute blieb in der Nähe, ging mehrmals täglich im Graben dicht heran, damit es saugen konnte, und weil es hilflos-jung so liegenblieb und die Witterung in jenem Sommer milde war, ist der Bruch verheilt. Geschossen wäre schnell gewesen – nur lebte es dann jetzt nicht mehr. Wissen Sie – lieber nicht schießen...»

Eine Herde besteht aus Sippenverbänden,
aus Gruppen und Grüppchen, die fest zusammenhalten. Meist führt eine Altstute drei, vier Töchter und deren Fohlen und Jährlinge. Der Umfang richtet sich immer nach der Leitstute – nach ihrer Härte, Entschlossenheit, Gesundheit und der Fähigkeit, sich gegen andere durchzusetzen. Die Sippe folgt ihr unbedingt: Pferde wollen geführt sein. Sie folgen ihr zum Wasser, in den Wald, zur Schlafstelle, zum Winterheu. In ihrer Nähe fühlen sie sich geborgen.

So, wie es innerhalb der «Sippschaften» Rangunterschiede gibt, die bedingungslos anerkannt werden, gibt es auch Unterschiede zwischen den einzelnen Sippen: gibt es Sippen ersten oder zweiten oder gar nur dritten Ranges – und wehe der Leitstute niederen Ranges, die sich vermißt, beim Grasen ihre Familie neben die einer Stute ersten Ranges zu führen! Was uns als stete leise Unruhe auffällt, sind zum Teil die ständig neuen Anpassungen an die Rangordnung.

Den Sippen ersten Ranges steht im Sommer der schattigste, beim Grasen der windigste, im Regen der geschützteste Platz zu – und sie im Winter vom Heu zu verdrängen, ist unmöglich! Erst wenn sie gesättigt fortgehen, rücken die niederen Ränge auf.

Außer Familienverbänden gibt es in Dülmen noch einen «Sonderverband Parkstuten» – in ihm finden sich jene Stuten zusammen, die, jung aus der Herde genommen, im herzoglichen Schloßpark aufwachsen. Sie sind handzahm, sind verwöhnt, und wenn sie zur Zucht wieder in die Bahn

45 Fohlen werden streng erzogen: ein Ruf der Mutter – schon eilen sie herbei.
46 Die älteren Stuten in der Sippengruppe dürfen sie beschnuppern,
47 doch stets ist Mutters Weg der ihre: durchs hohe Gras und über Gräben!
48 Im Morgendunst ziehen die Familien in den Wald,
49 ruhen hinter Erlenbüschen aus,
50 verschmelzen mit den Schattenkringeln unter den Akazienbäumen,
51 stehen reglos im Gestrüch, unsichtbar dem flüchtigen Blick,
52 naschen im Morgensonnensilberschein Moos und junge Gräser.

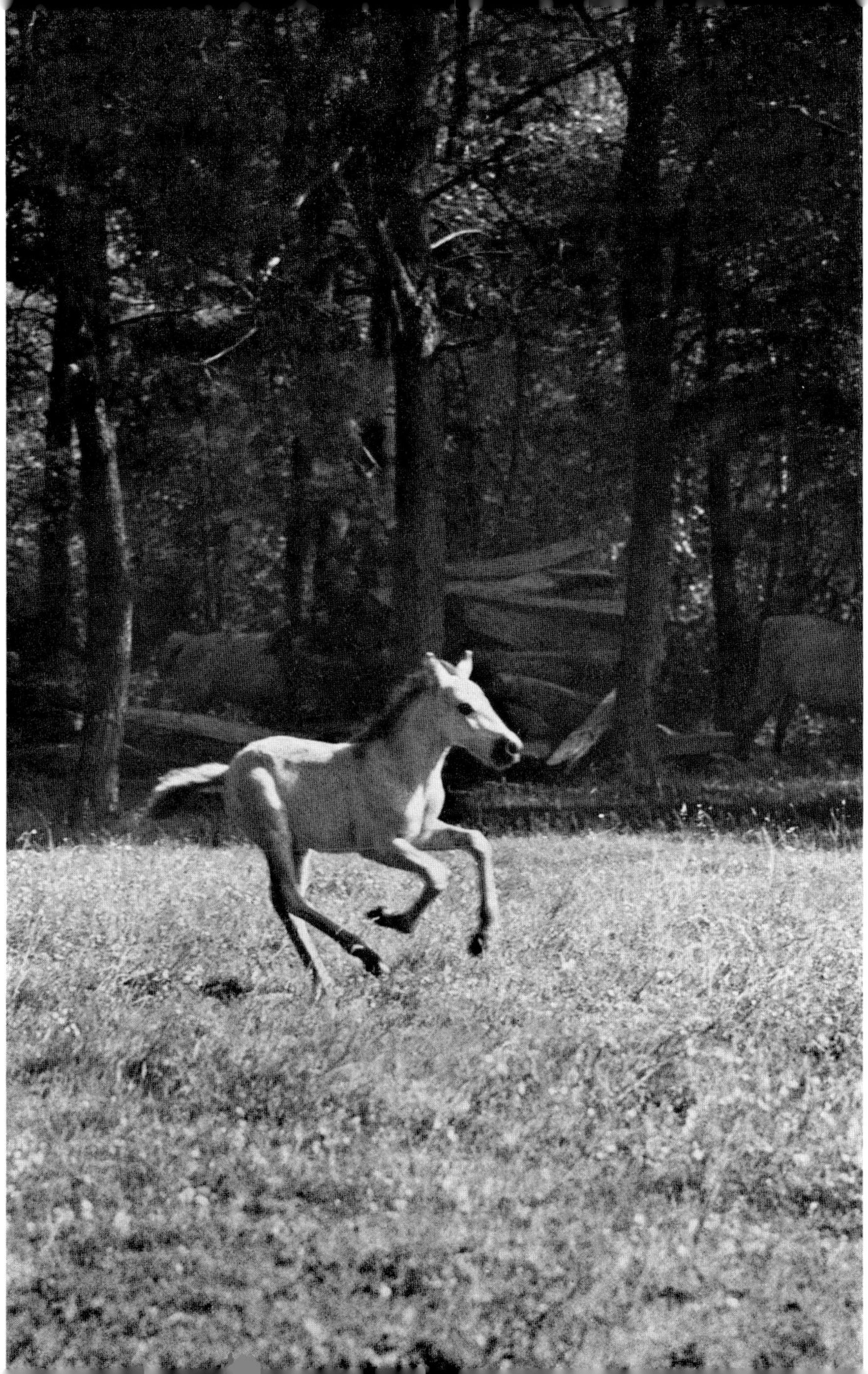
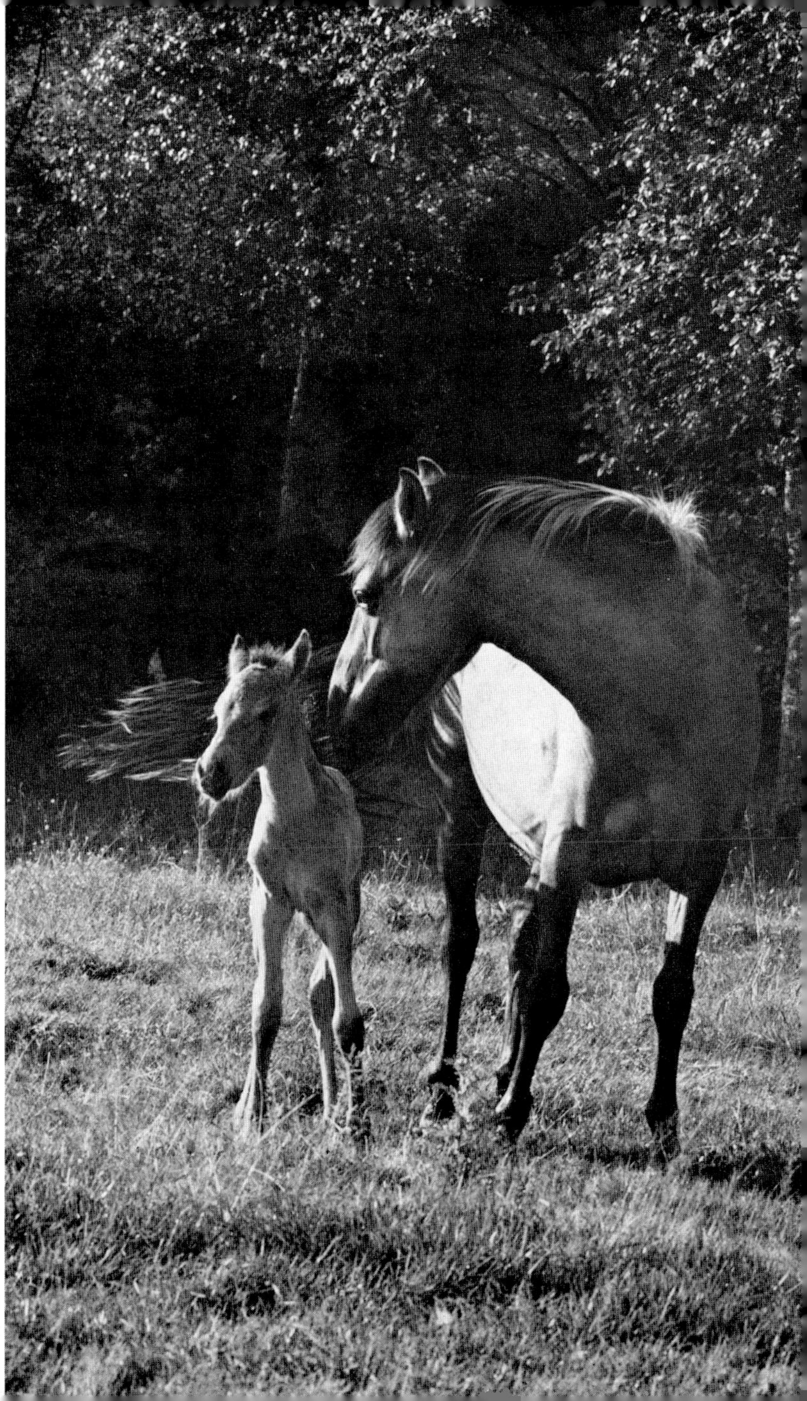

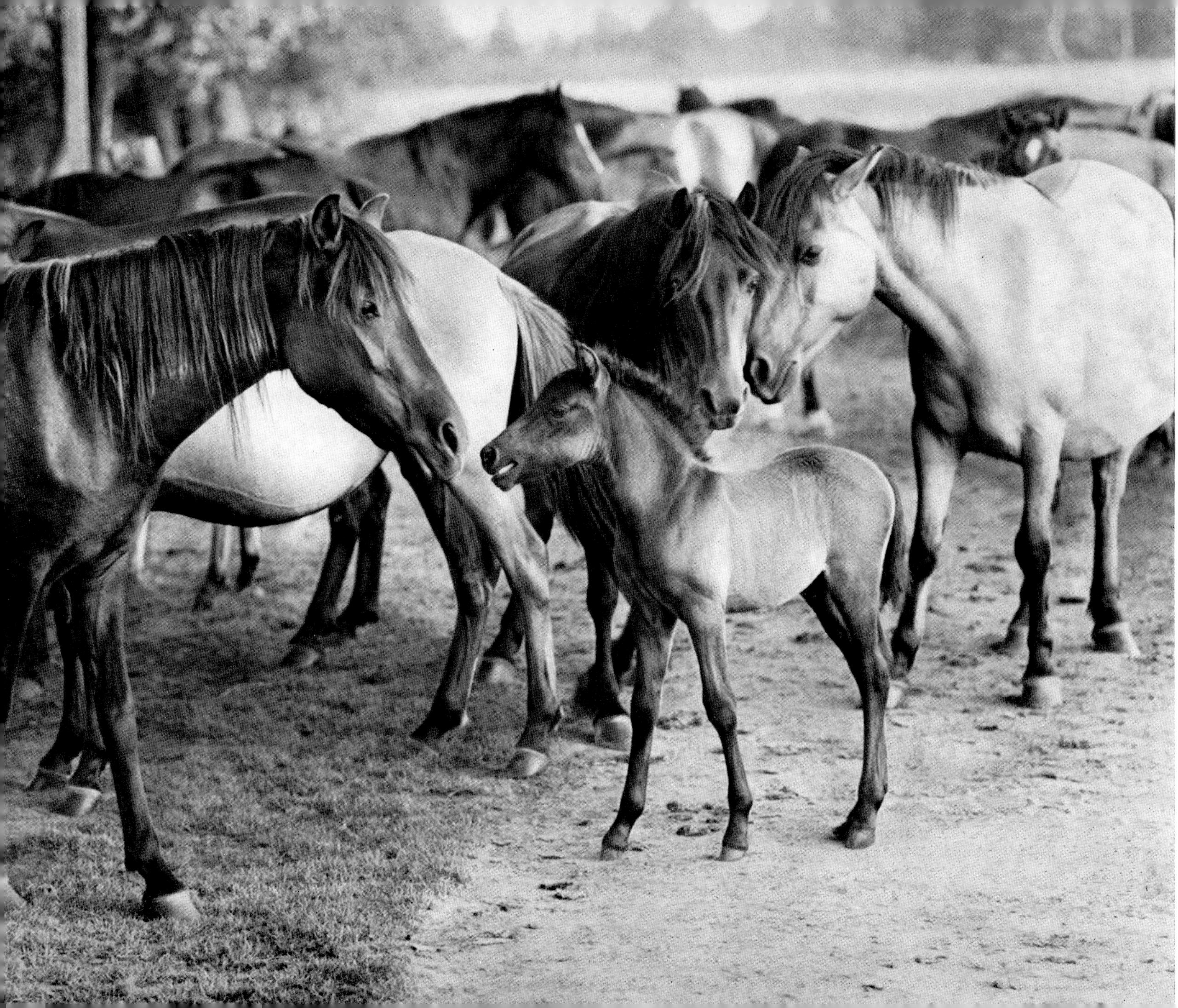

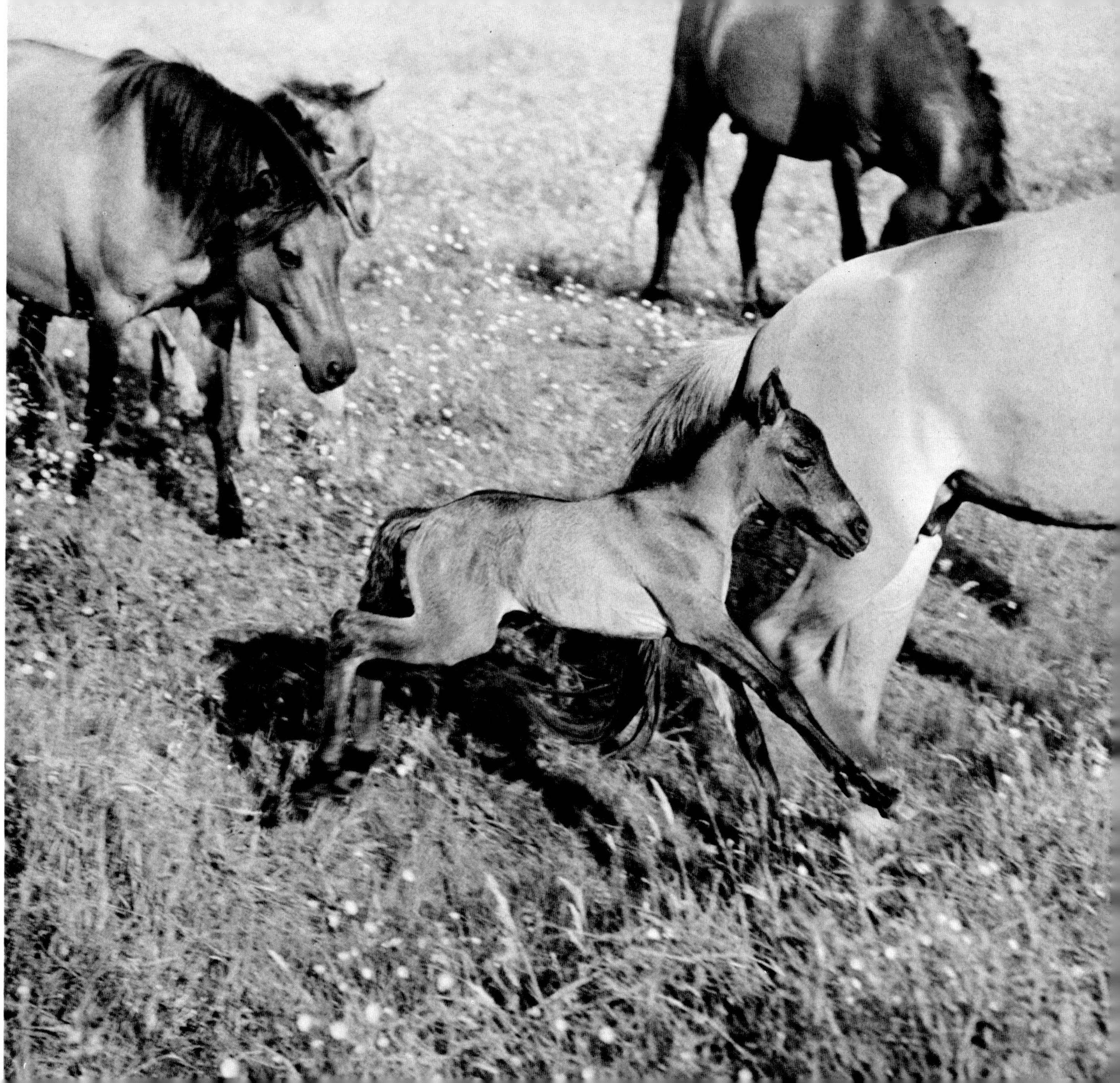

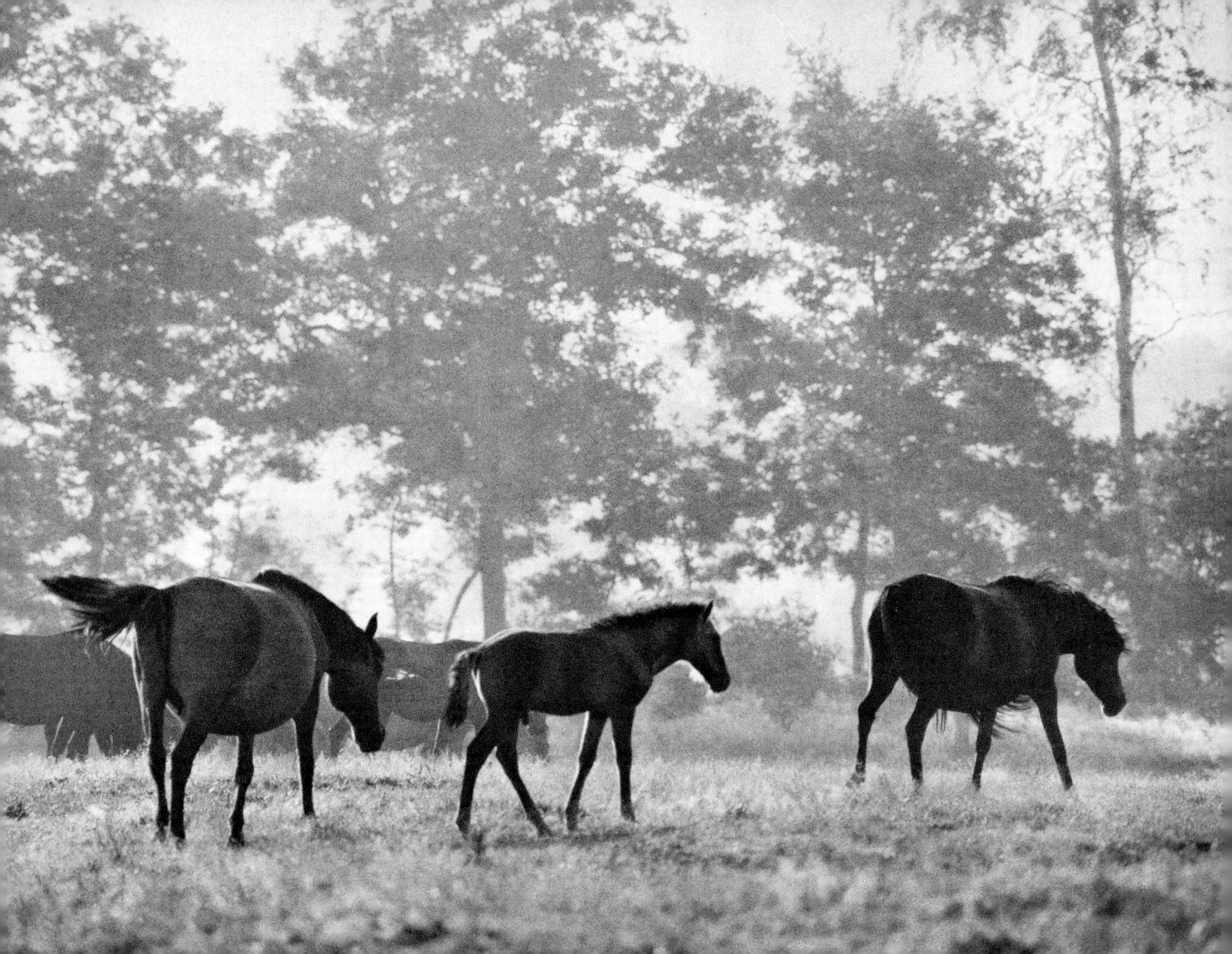

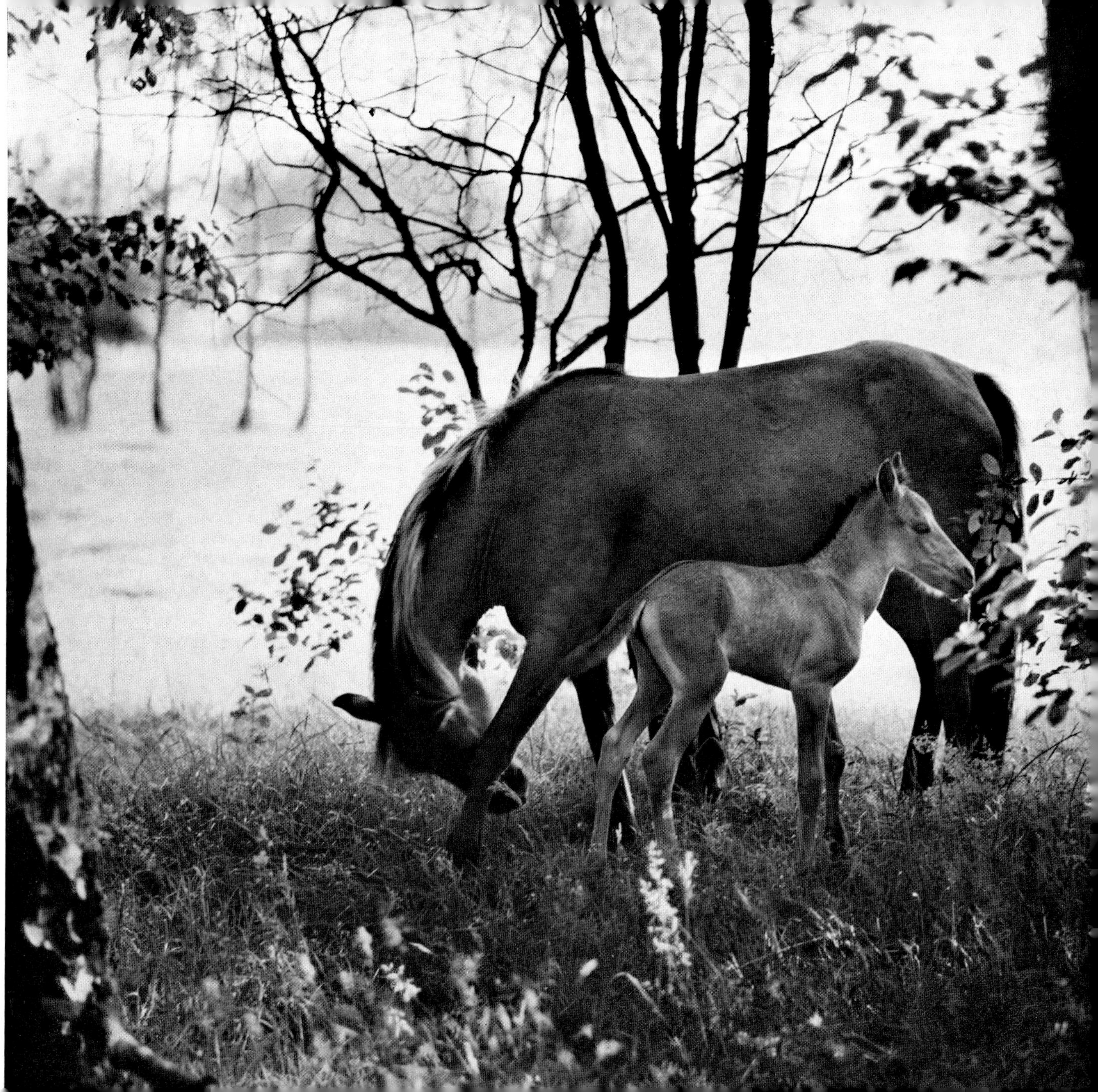

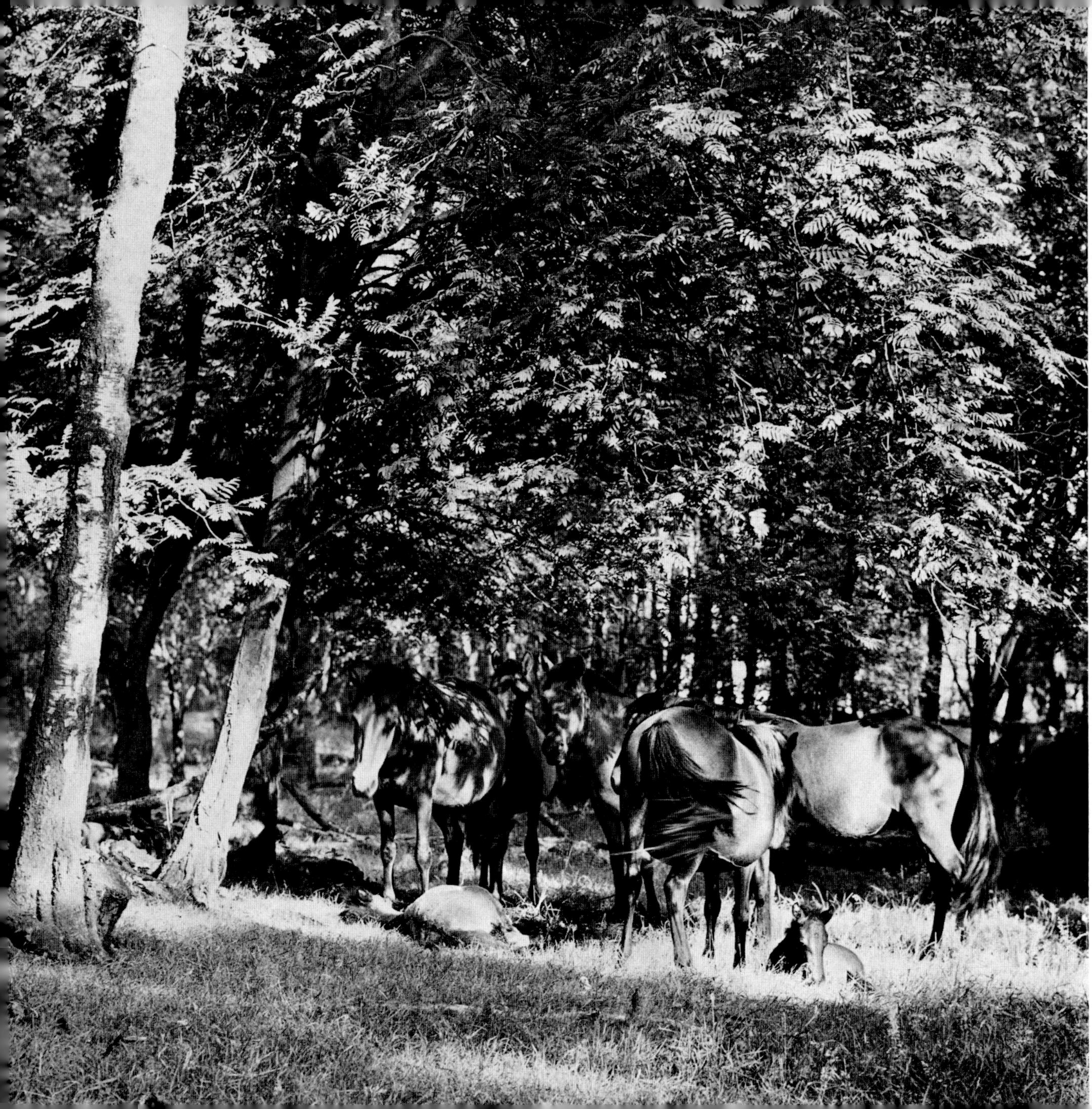

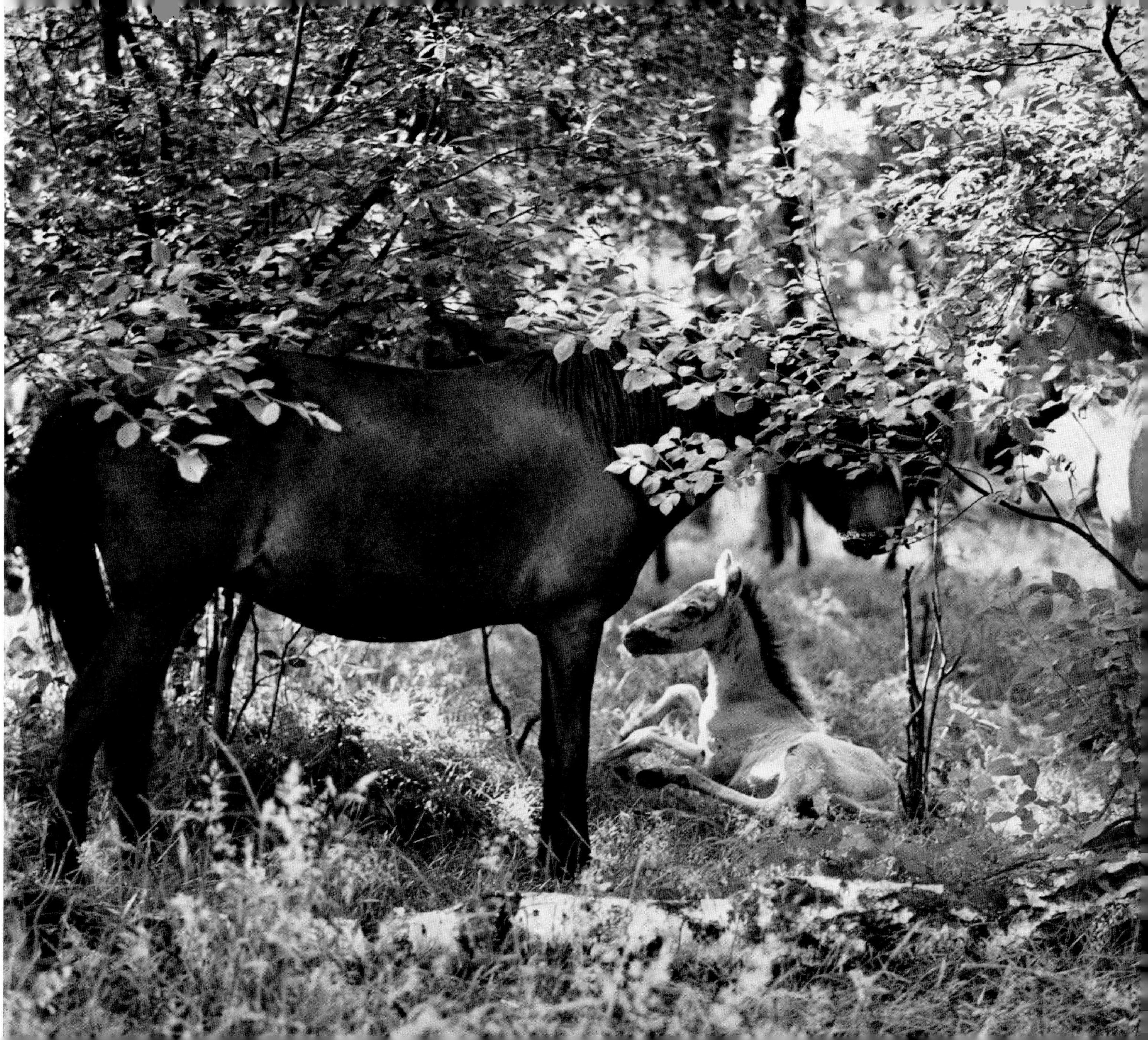

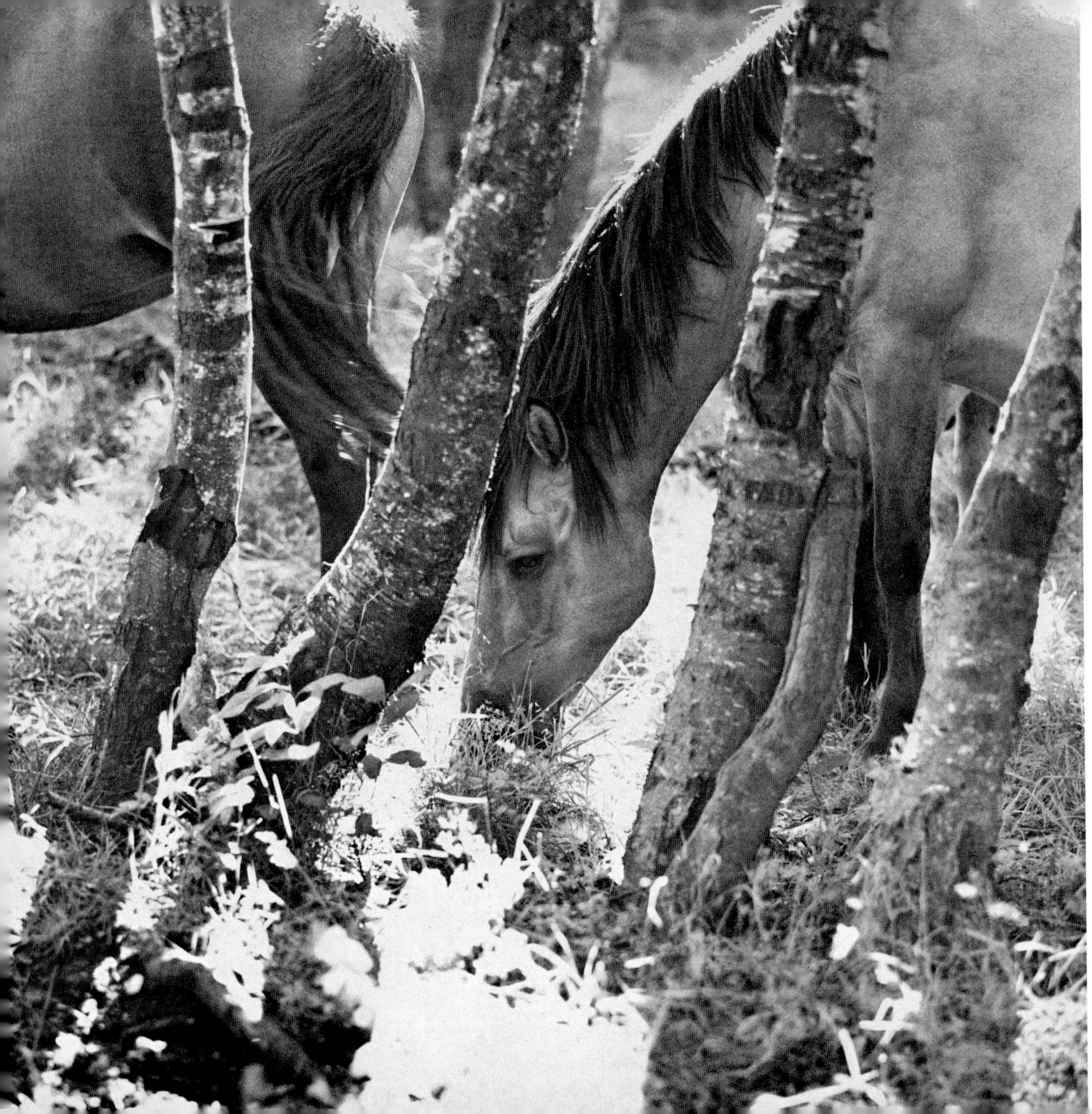

entlassen werden, werden sie von den Stammstuten nicht mehr anerkannt. Umso zielsicherer finden sie die «Parkgruppe» heraus und schließen sich ihr an.
Eine Leitstute behält ihren Platz, solange sie ihre Familie besser vertritt als eine andere Stute. Wird sie alt und gleichgültig oder fühlt eine Jüngere sich stärker, so gibt es Rangkämpfe, bei denen nicht selten eine Stute, die ihre Sippe fünfzehn Jahre lang führte, ans Ende der Reihe verwiesen wird. Daß die Vitalste an die Spitze gehört, ist in der Freiheit unerläßlich.
Sippen gleichen Ranges, deren Leitstuten einander sympathisch sind, befreunden sich manchmal. Sind ihre Fohlen groß genug, dürfen sie miteinander spielen. Im Winter stehen diese Freundschaftssippen nebeneinander an den Raufen. Ihrer Familie hier Platz zu erkämpfen, ist eine der wichtigsten Aufgaben der Leitstute. Sie muß instinktiv wissen, welcher Sippe sie gewachsen ist. Wird sie abgedrängt, wartet die ganze Familie stundenlang, bis die Stärkeren gehen.
Die Fohlen lernen dieses Herden- und Rangverhalten durch Nachahmung. Löst sich eines aus dem Sippenverband, wird es zurückgerufen – und eine Stute erwartet prompten Gehorsam!
Stellt sie ihr Kind im Freundeskreise vor, verhält dieses sich (wie auch bei jeder zufälligen Begegnung mit einem älteren Artgenossen) auf eigentümliche Weise (46): es zeigt durch ein «Unterlegenheitsgesicht» an, daß es sich schwach fühlt – schiebt den Hals vor, stellt die Ohren aufrecht, öffnet das Mäulchen ein wenig und tut, als kaue es auf etwas Zähem herum. Kein älteres Pferd kann einem sich unterlegen zeigenden Jüngeren je absichtlich etwas tun; solche angeborenen Sperren schützen in der Natur die Hilflosen. Beschnuppern und begrüßen darf die fremde Stute das Kleine nun; doch ruft die Mutter, ist es blitzschnell an ihrer Seite und nimmt schon wenige Stunden nach der Geburt die Gräben der Wildbahn (47).
Herdenerziehung ist streng. Von jedem einzelnen Tier werden Unterordnung, Anpassung und Geduld erwartet. Ruft die Mutter, kommt das Fohlen, ruft die Leitstute, kommt die Familie, ruft die ranghöchste Leitstute, kommen sämtliche Sippen. Dem Hengst gehorchen, wenn er seine Herde zusammenhalten will, alle. Jedweder Ungehorsam wird von nächsthöherer Stelle durch Bisse, Drohlaute und Schläge geahndet.
Heute, da wir aus Island, England, Irland, Jugoslawien robuste Reitpferde importieren, die ihre Jugend in freilebenden Herden verbrachten, wundern sich viele Stallpferde-Fachleute, wie schnell sich diese scheuen Pferde beruhigen und bald sogar reiten lassen. Uns ist das nicht erstaunlich: Wir wissen, daß sie die harte Schule der Herde durchgemacht haben. Kann sich der Mensch als Leit«tier» durchsetzen, ordnen sie sich ihm leicht und problemlos unter.

Anfang September stehen wir früh auf,
fahren schon vor sechs durch den hellen, kühlen Morgen in die Wildbahn. Weitverstreut grasen wie dunkelgraue Schemen die Pferde in Tau und Morgendunst. Das Gras ist so naß, daß wir vorsichtig über die Zickzackpfade marschieren, die sich die Pferde ins Gelände getreten haben. Hinter dem Dunst geht als helles Leuchten die Sonne auf, Tau funkelt auf den Gräsern, endlich können wir die langersehnten Gegenlichtaufnahmen vorbereiten – da hebt hier eine Stute den Kopf vom Boden hoch, springt drüben, unhörbarem Rufe folgend, ein Fohlen auf und stößt zu seiner Familie, die sich ohne Hast formiert. Offenbar haben die Pferde zwei Stunden im morgennassen Gras geweidet und möchten nun ihre Verdauungsrast halten. Die Spitze strebt bereits einem uns unbekannten Waldstück zu; Richtung und Streben werden im weiten Rund aufgenommen – so, als sprängen die von der herrschenden Sippe gefaßten Entschlüsse unregelmäßig in die Herde hinein, würden hier und da, dort und drüben zunächst von den wachsamsten Leitstuten aufgenommen, denen die übrigen sich anschließen, bis auch die Trägen vom Grasen ablassen und dem nun breiten Strom der Leiber folgen. Alles geschieht langsam, bedächtig und unbeirrbar zielstrebig (48), bis auf einmal die Heide um uns herum leer und verödet daliegt.
Wir oberflächlichen Besucher aus moderner Zeit sind nun geneigt, für langweilig zu halten, was in weniger hektischer Zeit die nahsichtige Dichterin voll überreichen Lebens sah:

Da krimmelt, wimmelt es im Heidgezweige,
Die Grille dreht geschwind das Beinchen um,
Streicht an des Taues Kolophonium
Und spielt so schäferlich die Liebesgeige.
Ein tüchtiger Hornist der Käfer schnurrt,
Die Mücke schleift behend die Silberschwingen,
Daß heller der Triangel möge klingen;
Diskant und auch Tenor die Fliege surrt;

Und, immer mehrend ihren werten Gurt,
Die reiche Katze um des Leibes Mitten,
Ist als Bassist die Biene eingeschritten;
Schwerfällig hockend in der Blüte rummeln
Das Kontraviolon die trägen Hummeln...
So tausendstimmig stieg noch nie ein Chor,
Wie's musiziert aus grünem Heid hervor...

Ja, es ist eine Landschaft der Nahsicht: man muß sich ihr *nähern*, sich ihr mit Liebe zuwenden, wenn man sie ausschöpfen möchte. Wenige Schritte weiter bestätigt es sich. Vor uns liegt ein kleines Waldstück, ein von Krüppeleichen und hohen Birken umrundeter Busch, unter dessen lockerem Laubwerk kniehoch dünnes Waldgras wächst. Eine «Handvoll Wald» nur, von den meisten Besuchern sicher übersehen – doch wimmelnd voll von Pferden!

Wir haben beim Photographieren in den vergangenen Monaten viel gelernt. So schlendern wir nun im Tempo der Stuten herbei – ohne Hast; so setzen wir die Stiefel leicht auf die Erde, denn nicht unser Anblick pflegt die Scheuen zu verjagen, sondern die Wellen, die beim kräftigen Auftreten sich unter der Erde bis zu ihren Hufen fortsetzen und sie wecken, noch ehe sie uns sehen. Bedächtig gehen wir auf den Waldrand zu, betreten das Gebüsch an einer offenen Stelle, alle Kameras geladen. Gleich neben uns hat sich eine Stute mit ihrem Fohlen in den schmalen Schatten eines Baumes zurückgezogen; sie steht wohl nicht das erstemal hier, denn so hoch sie ihren Kopf emporrecken kann, sind die Blätter schon abgeknabbert (49). Ein kleines Privatversteck, komplett mit Naschvorrat...

Als die Sonne über den Buschrand steigt und der Dunst verflogen ist, taucht jenseits einer Lichtung in den Morgenstrahlen eine Gruppe Dunkelfalben auf (50), übersprenkelt vom Muster der Akazien. Im Schatten hätten wir sie kaum entdeckt; nun ruhen sie wie ein Sprung Rehe, mehr Wald- als Wiesengeschöpfe. Die Schweife hängen herunter (noch sind die Mücken beim Morgenkonzert), die Jungen lagern zu ihren Füßen. Sachte weiterschreitend, hier und da durchs Buschwerk kriechend, entdecken wir eine Pferdewelt, die selbst mir – die ich in fast allen Weltteilen Pferden in ihrer Umwelt folgte – fremd und köstlich ist. Im dichten Erlengebüsch stehen einige Stuten so reglos da, daß wir sie aus drei Meter Entfernung und hinter einigen Zweigen im Vorübergehen fast übersehen hätten (51: noch auf dem Photo spielen die hinteren mit dem Beschauer Versteck). Das Fohlen hat sich auf dem Moosgrund gewälzt und weiß nun so recht nicht, ob es herrlich weiterschlafen oder sich die Welt besehen soll; warm streicht ihm die Sonne über Brust und Beine, wärmt die kleinen Ohren.

Leise bewegen sich hier auch die Pferde selber; kein Wiehern zerreißt das «heimliche Waldesweben». Splittert einmal ein Ast beim Darauftreten, so war er im feuchtwarmen Moos ohnehin schon vermodert und zerfällt fast ohne Geräusch. In gelbgrünen, gleißenden Bahnen dringt das Licht in die Birkenbestände ein, glimmert Mähnenkämme entlang, zeichnet Nasen und Ohren mit einem Lichtstift nach, verzaubert Wald und Pferde zu einem Stück Sagenwelt (52).

Wisperndes Leben überall da, wo Fohlen in die Schule gehen, wo sie – schlaftrunken zwar, aber schon wieder gezwickt und getrieben von jener unerläßlichen Lebensneugier, die ihr Wachsen begleitet – ihren Standort erkunden (57). Da gilt es, die weichen Nasen an der Rinde eines Birkenstammes entlangzuziehen, ein wenig Borke zwischen die Zähne zu nehmen, um zu probieren, ob sie eßbar ist – da sieht man mit Schrecken und Faszination aus der Erde unter dem Stamm einen langen Wurm sich hochringeln! Ein stämmiges Dreimonats-Fohlen, dem unter silbriger Babywolle schon das dunkle Pferdehaar hervorsprießt, hat einen Eichenstumpen entdeckt – etwas ganz Unbekanntes (58). Da tupft die Zunge auf grün verwitterte Sägefläche, tasten die Lippen den rauhen Rand ab, zerren die Zähne ein paar Krümel aus der Rinde – brrr – bitter! Die Ohren, vollgestopft mit Babywolle, sind aufmerkend hochgekippt, die Augen betrachten das «Ding» sehr konzentriert: Alles, was jetzt und hier erfahren wird, muß ja vorhalten für ein ganzes Pferdeleben! Nach gründlicher Inspektion weiß unser Silberpelz dann: Das Ding ist hart und unbeweglich, es läßt sich nicht verrücken, gibt nicht nach, tut nichts – und schmeckt nicht!

Ein paar Schritte weiter lernt ein anderes Hengstlein, sich der «Dinge» seiner Umwelt zu *bedienen* (59): Beschnobert hat es den Ast schon vor Tagen, zu knabbern versucht es schon gar nicht mehr, aber – man kann das Hinterteil dagegen lehnen und schuppern! Ein feines Gefühl – das wird man öfter machen! Und dreht man sich um und schiebt den Kopf unter den Ast und zieht ihn ein bißchen hin und her – o fein, jetzt juckts zwischen den Ohren nicht mehr!

Im nächsten Jahr werden diese beiden mitsamt den übrigen jungen Hengsten, die hier Morgen um Morgen zentimeterweise den Wald erkunden, die tagsüber im Sprung schon die Gräben nehmen und in der Herde gehorchen lernen, an Menschen verkauft werden, die sie später reiten und fahren. Und sie werden gelassen durch den Wald traben, vor keinem knackenden Ast erschrekken, werden in jedem Geläuf die Füße trittsicher aufsetzen und sich vor Blitz und Sturm nicht fürchten: verständige Studentlein aus der Schule der Natur!

Ich lege den Finger an den Mund – psst – nicht wecken! So geräuschlos wie möglich stelzt der Photograph auf langen Beinen herbei, um ein Bild aufzunehmen, wie ich es gleichfalls noch nicht sah: Steht doch da eine ausgewachsene Stute am Birkenbaum, legt die Stirn an die Rinde und schläft (60)! Schläft entspannt, die Ohren schlaff, die Augen fest geschlossen, voll Behagen die Sonne genießend. Wendet dann den Kopf und bietet, ohne die Augen zu öffnen, Stirn und Nüstern genüßlich der Wärme dar, die nach der kalten Nacht so angenehm das Fell berieselt…

Eine Weile später sehen wir die gleiche Stute, nunmehr wach, zum Wald hinausschauen (61). Tonnig wölbt sich der Leib; bald wird ihr Fohlen geboren werden, und dann ist's vorbei mit so tiefem Schlaf – die Mütter quirligen Nachwuchses sind auf der Hut und schlafen leicht.

Gegen neun ist die Sonne hoch gestiegen. Die Stuten werden unruhig, häufiger zucken die Schweife, schlagen nach Fliegen (das Morgenkonzert scheint vorbei zu sein), und ein Drang nach draußen ergreift die Pferde. Am Waldrand verweilt die eine oder andere Familie noch;

57 Fohlen gehen in die Schule: erschnobern das Leben um den gestürzten Stamm,
58 schmecken am Eichenstumpen herum,
59 entdecken, wie nützlich so ein krummer Ast sein kann!
60 Selbstvergessen schläft die junge Stute, an den sonnenwarmen Baum gelehnt,
61 träumt, halb erwacht, nahender Geburt entgegen…
62 Beim Austritt aus dem Wald noch schnell ein Maulvoll Eichenlaub gepflückt,
63 und dann in breiter Front zum Grasen auf die Weide!
64 Allen Unfug lernt das Fohlen von der älteren Schwester.

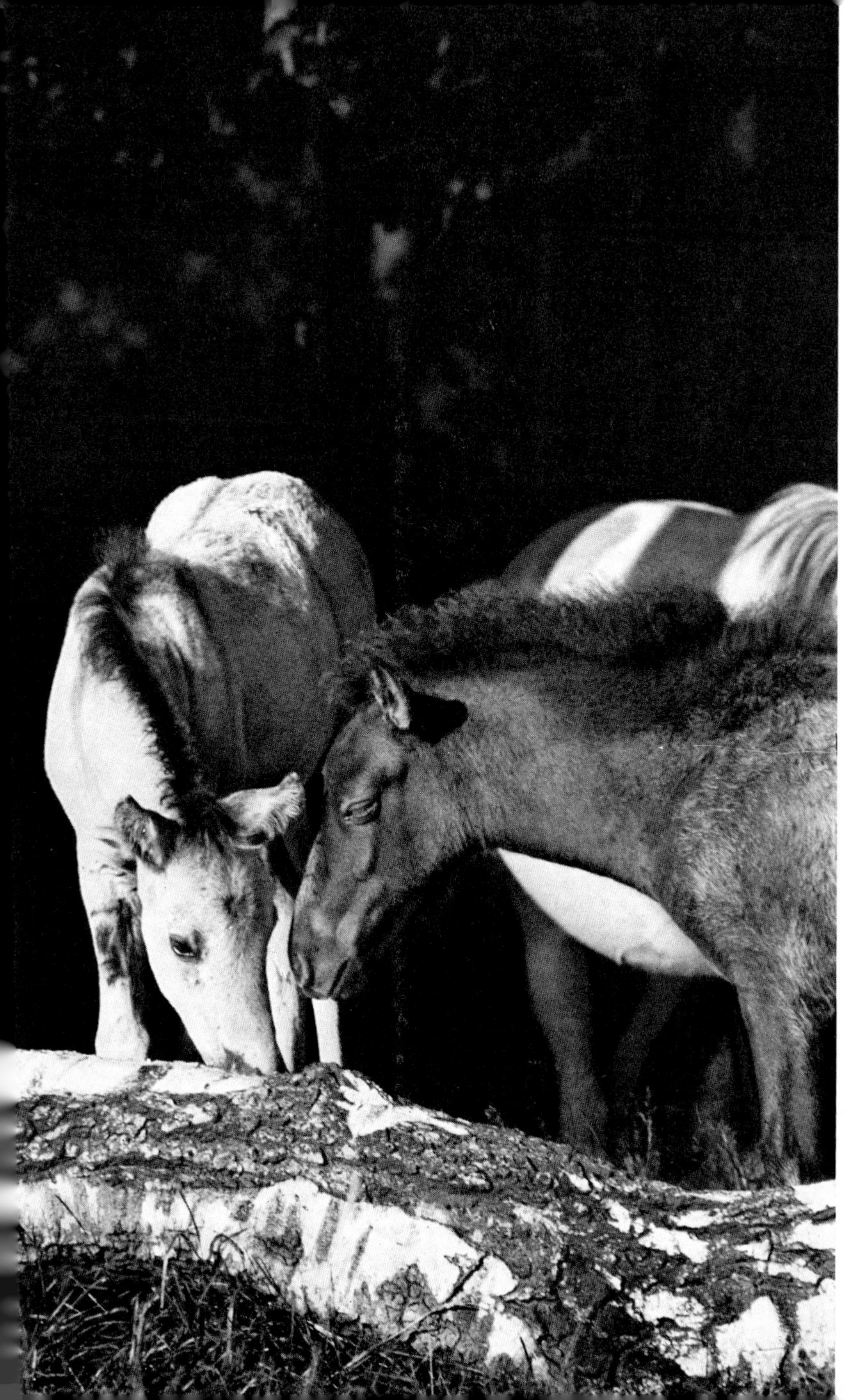
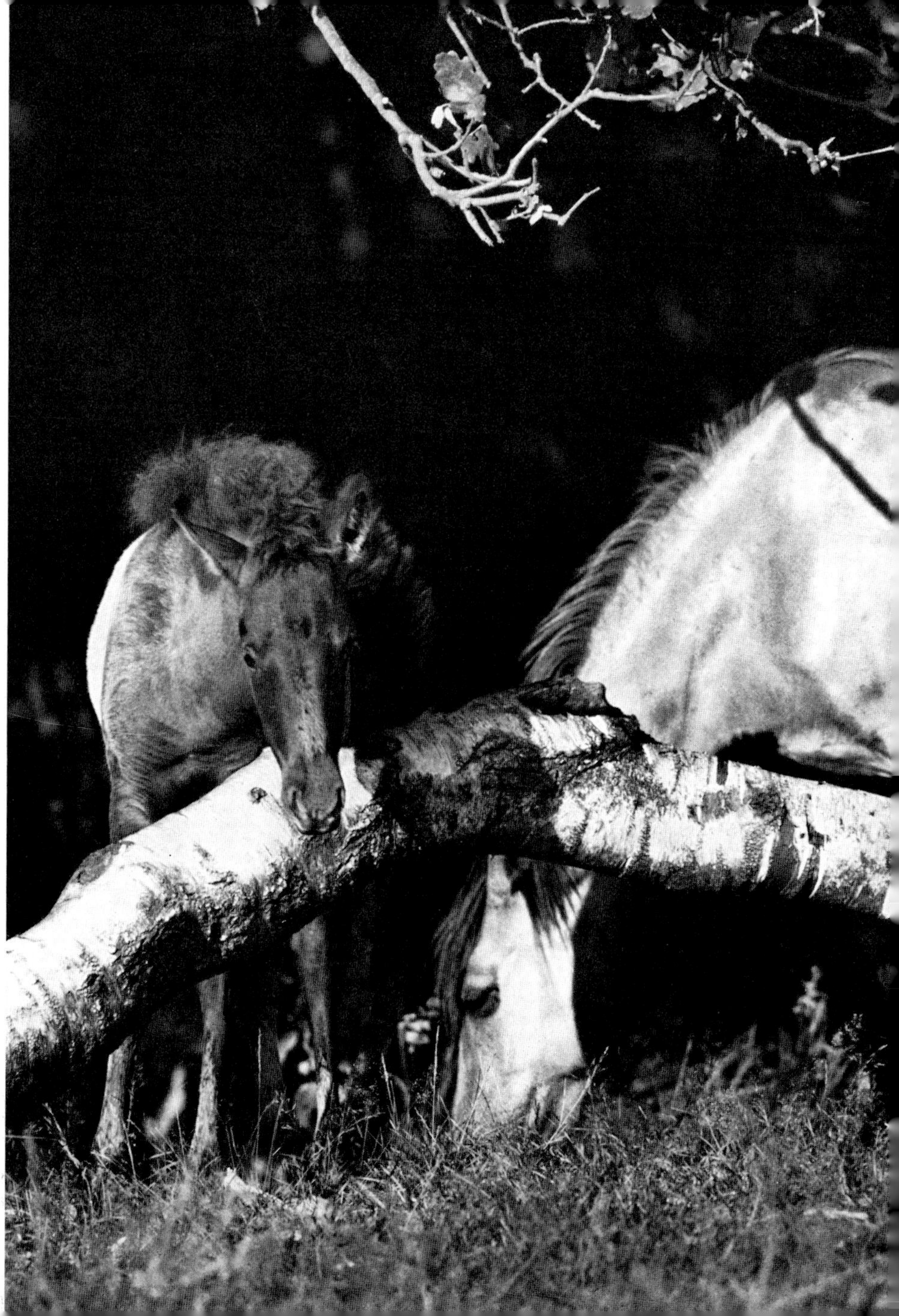

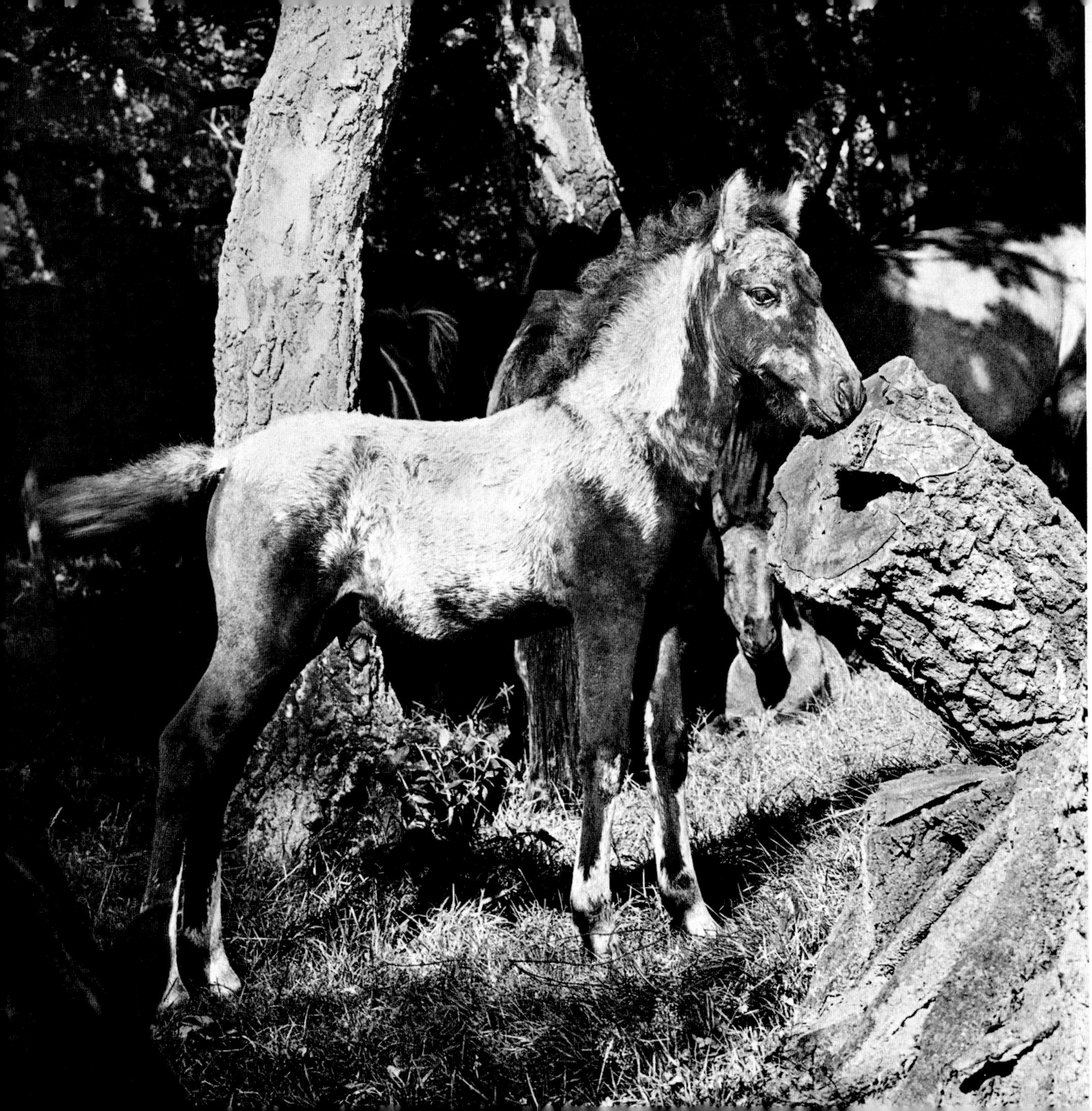

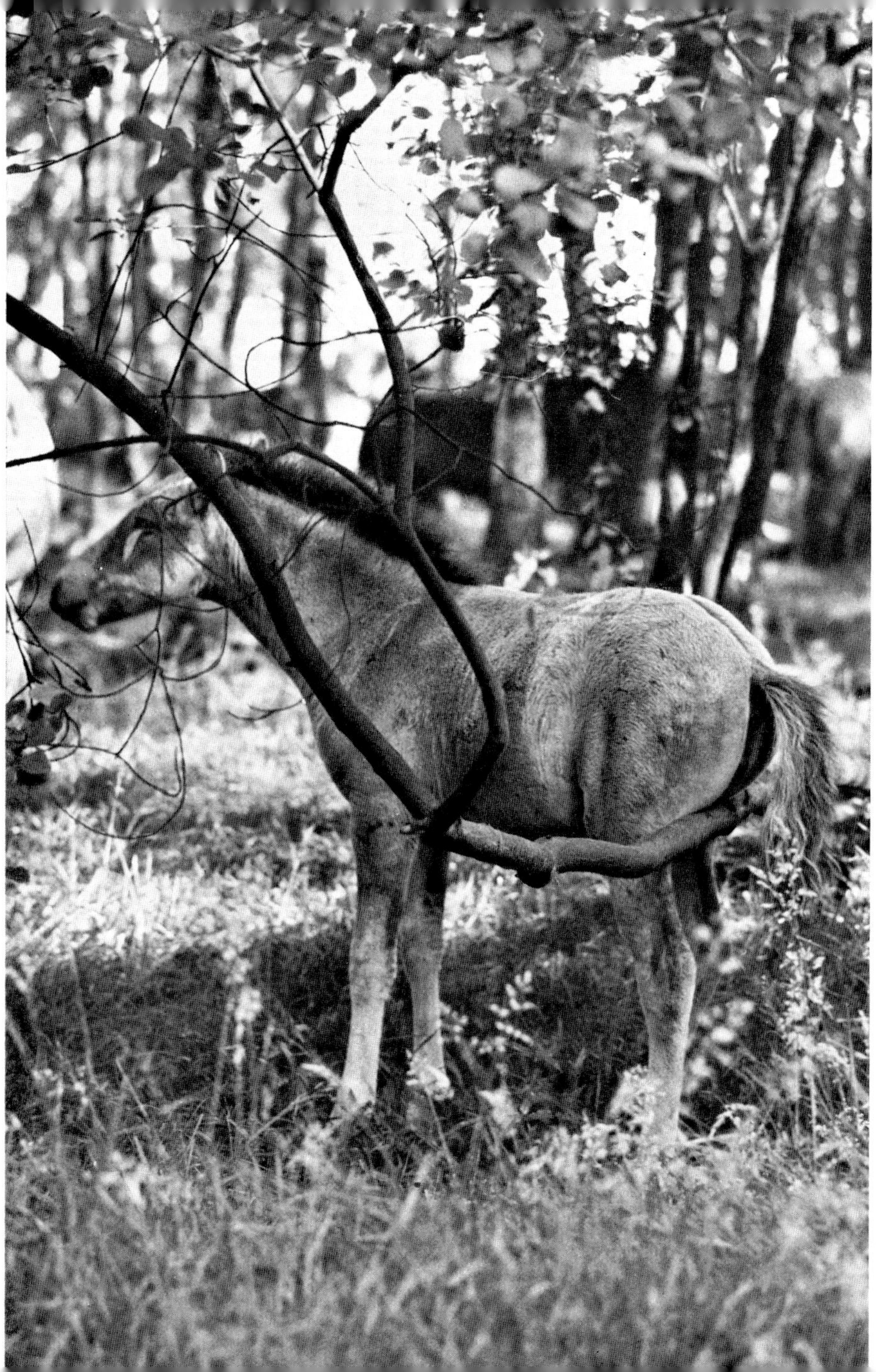
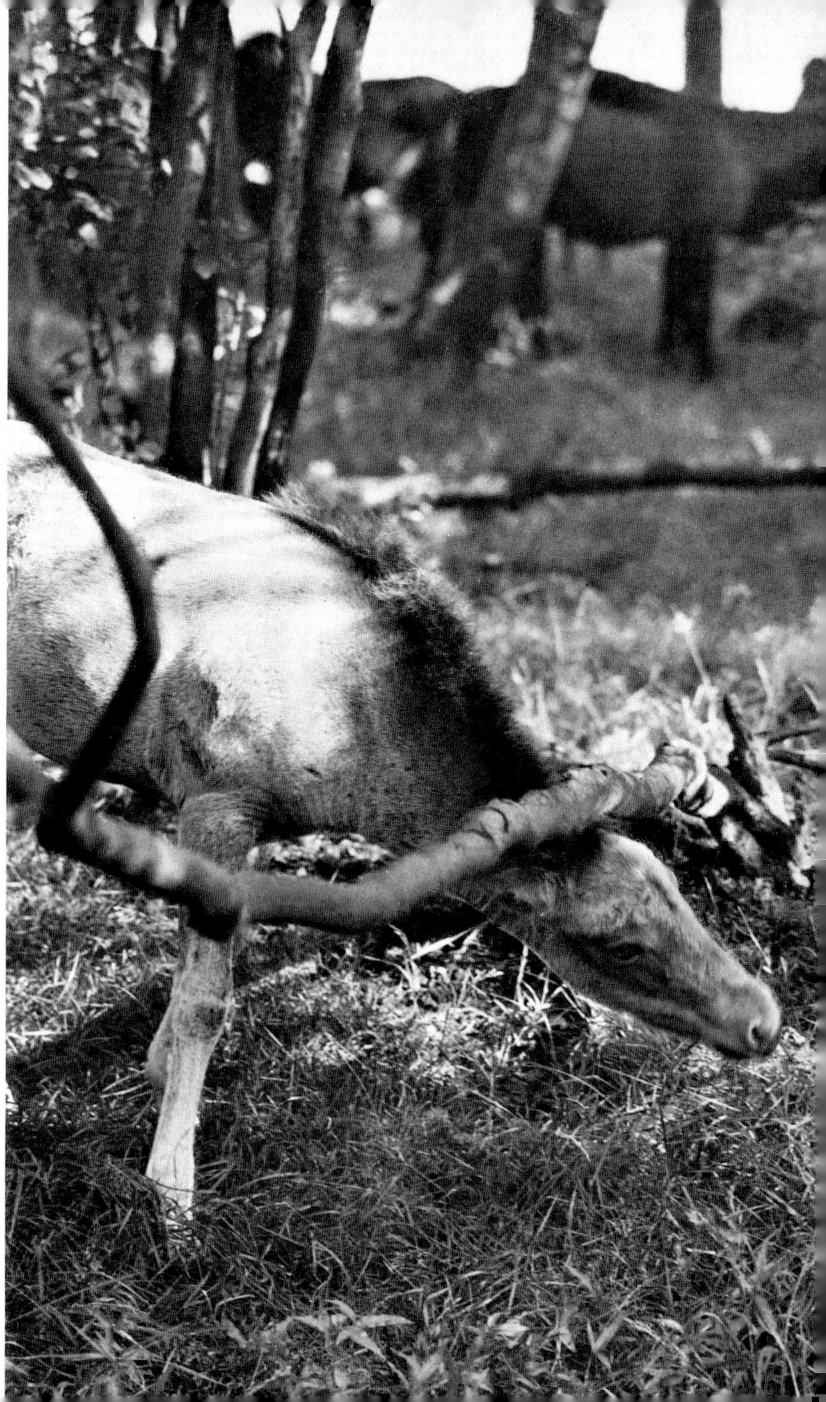

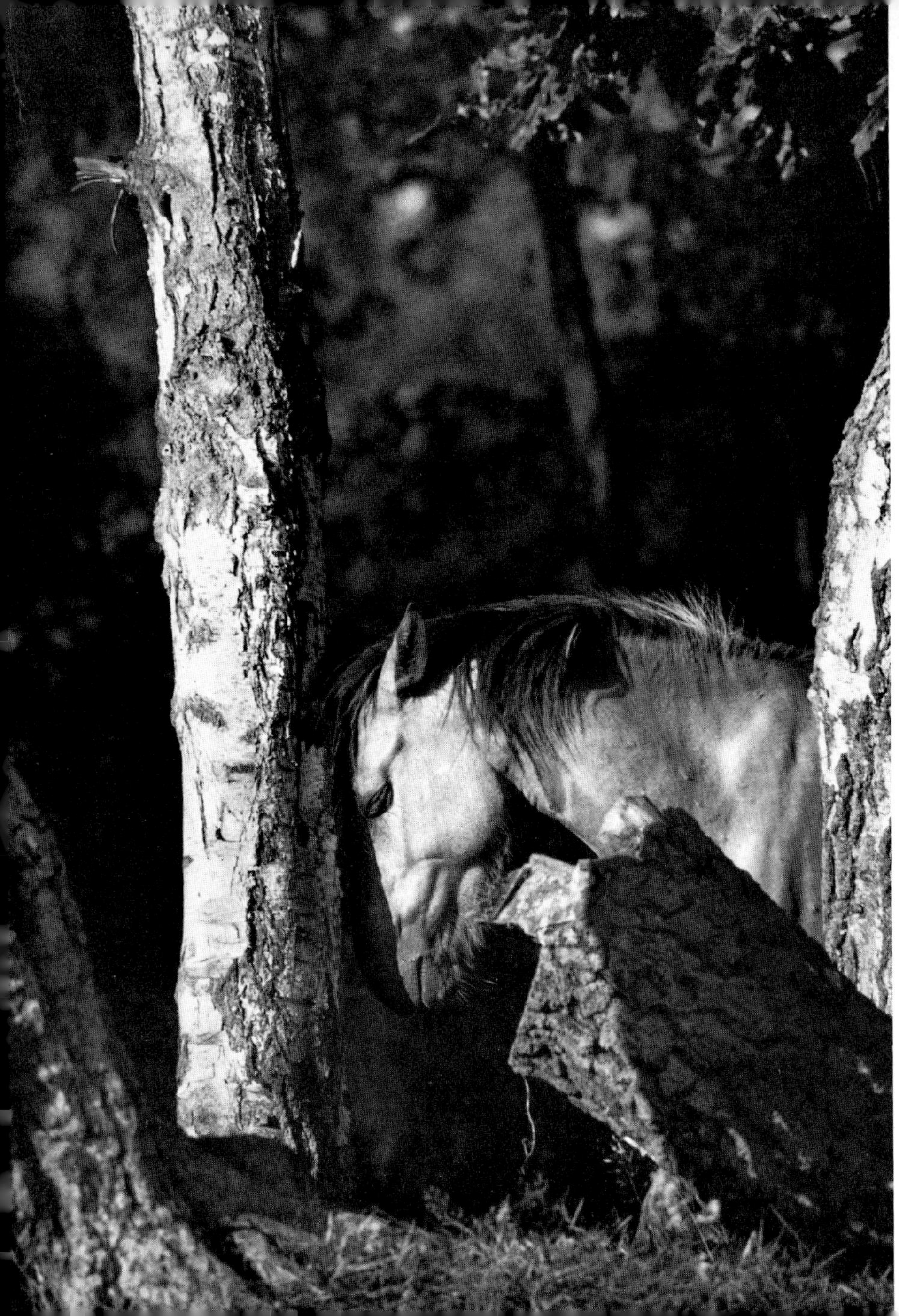
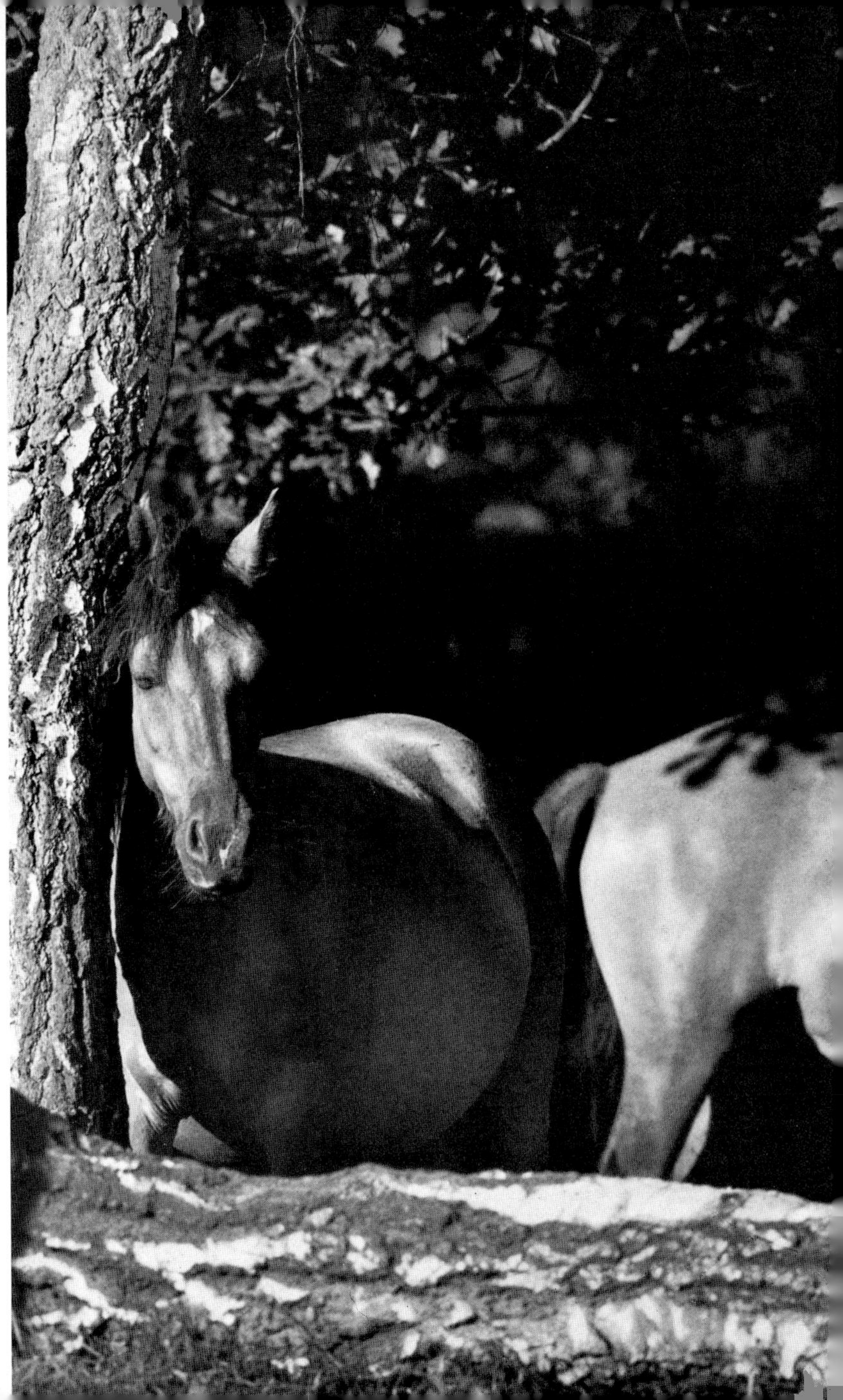

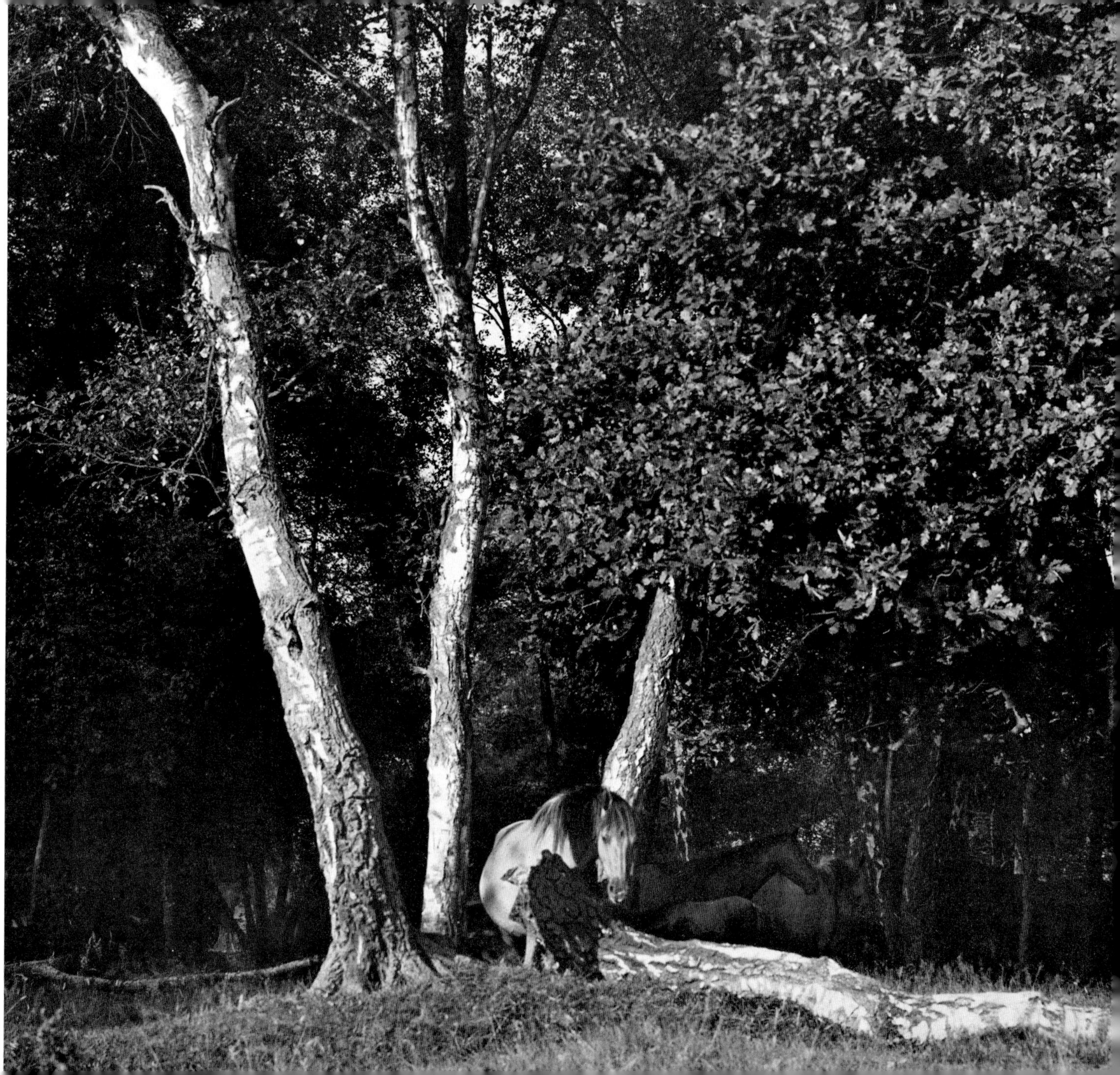

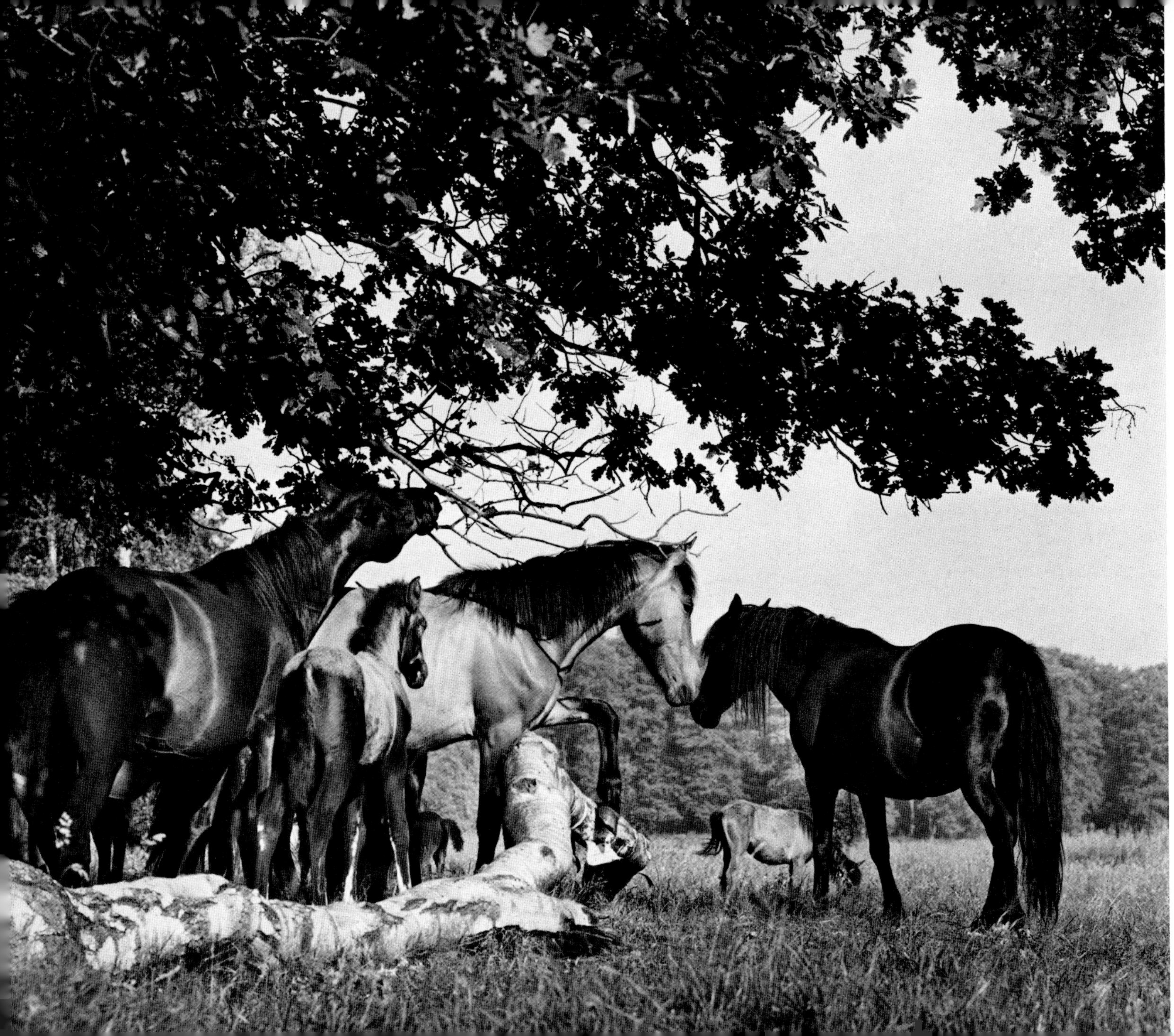

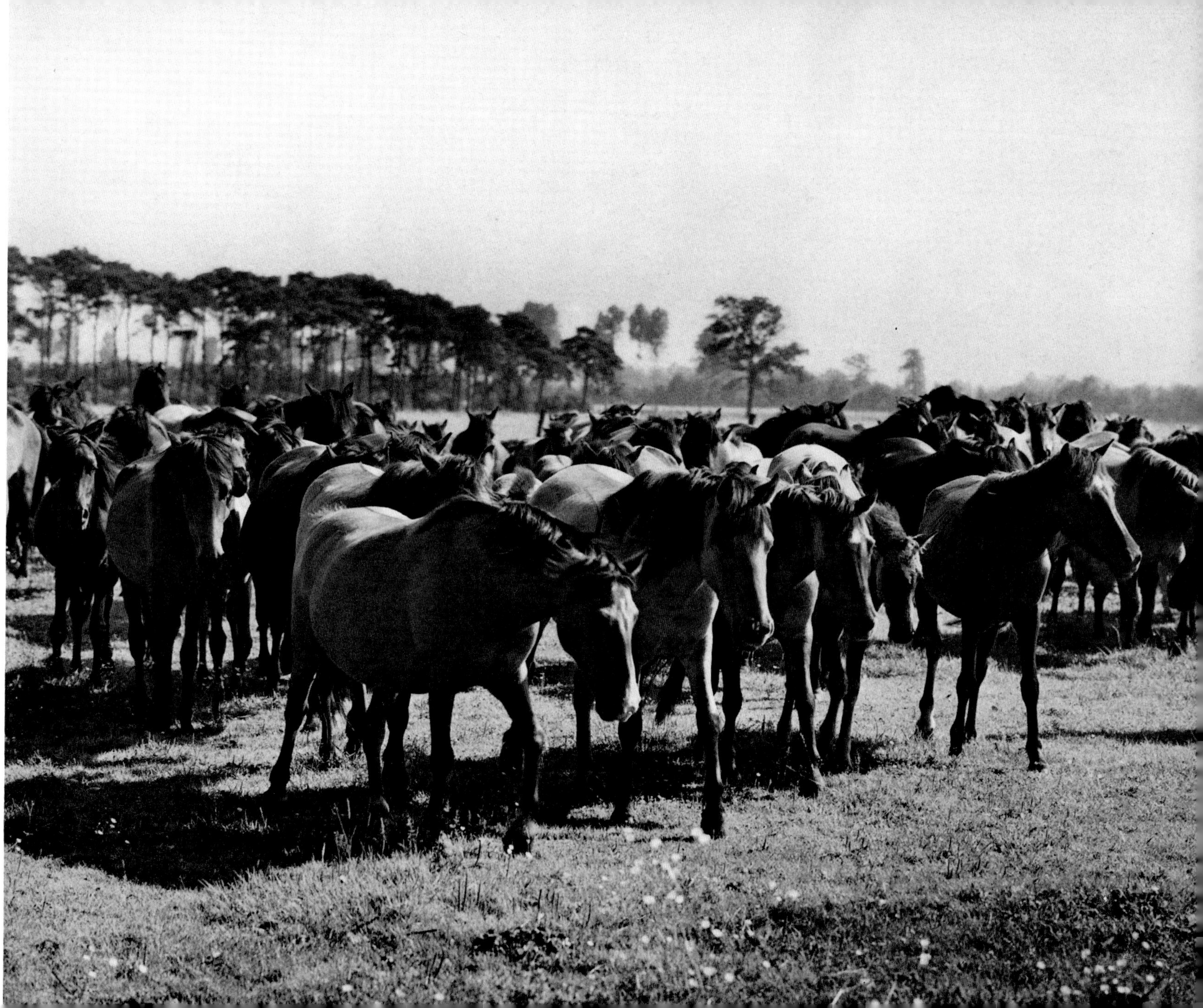

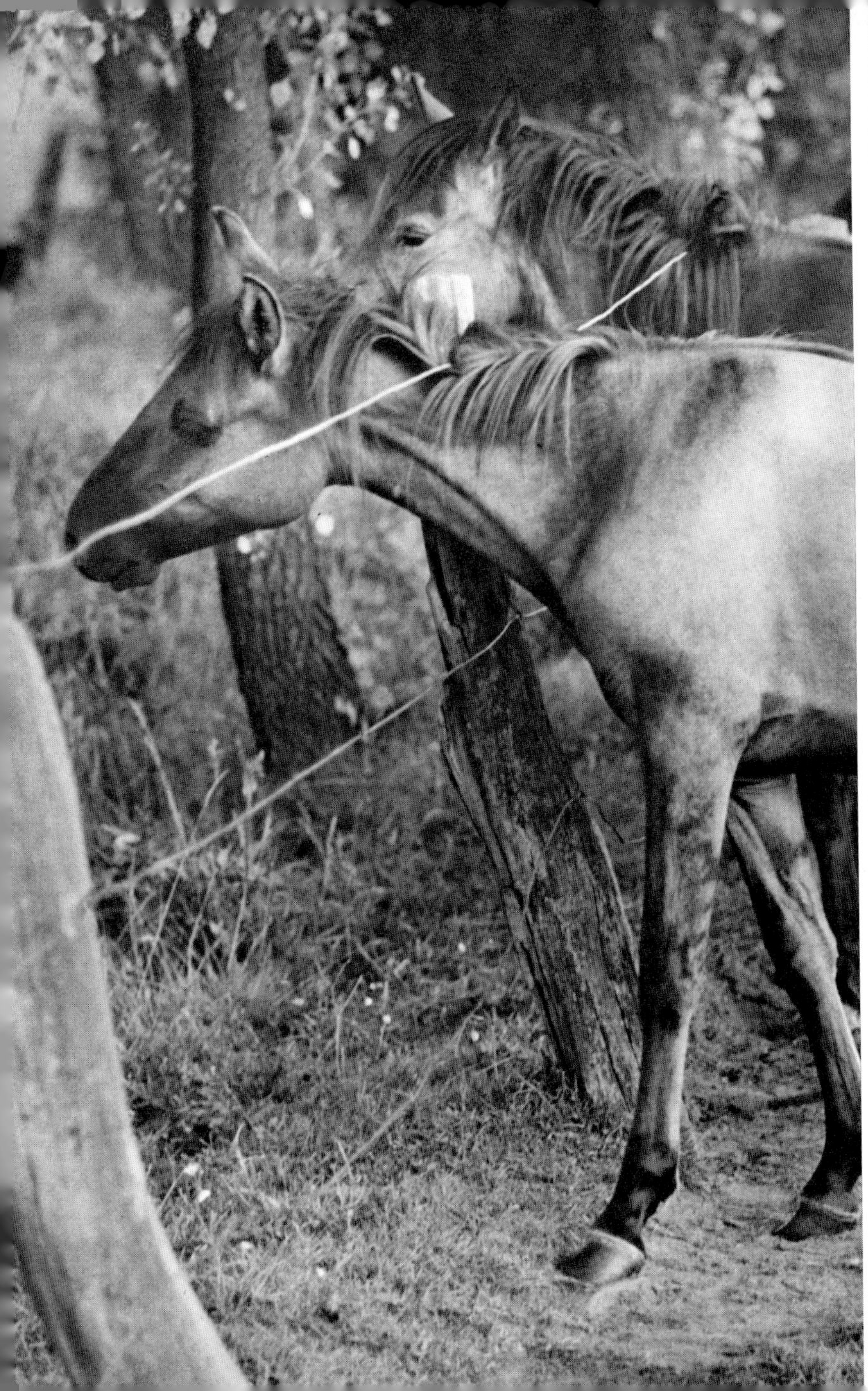

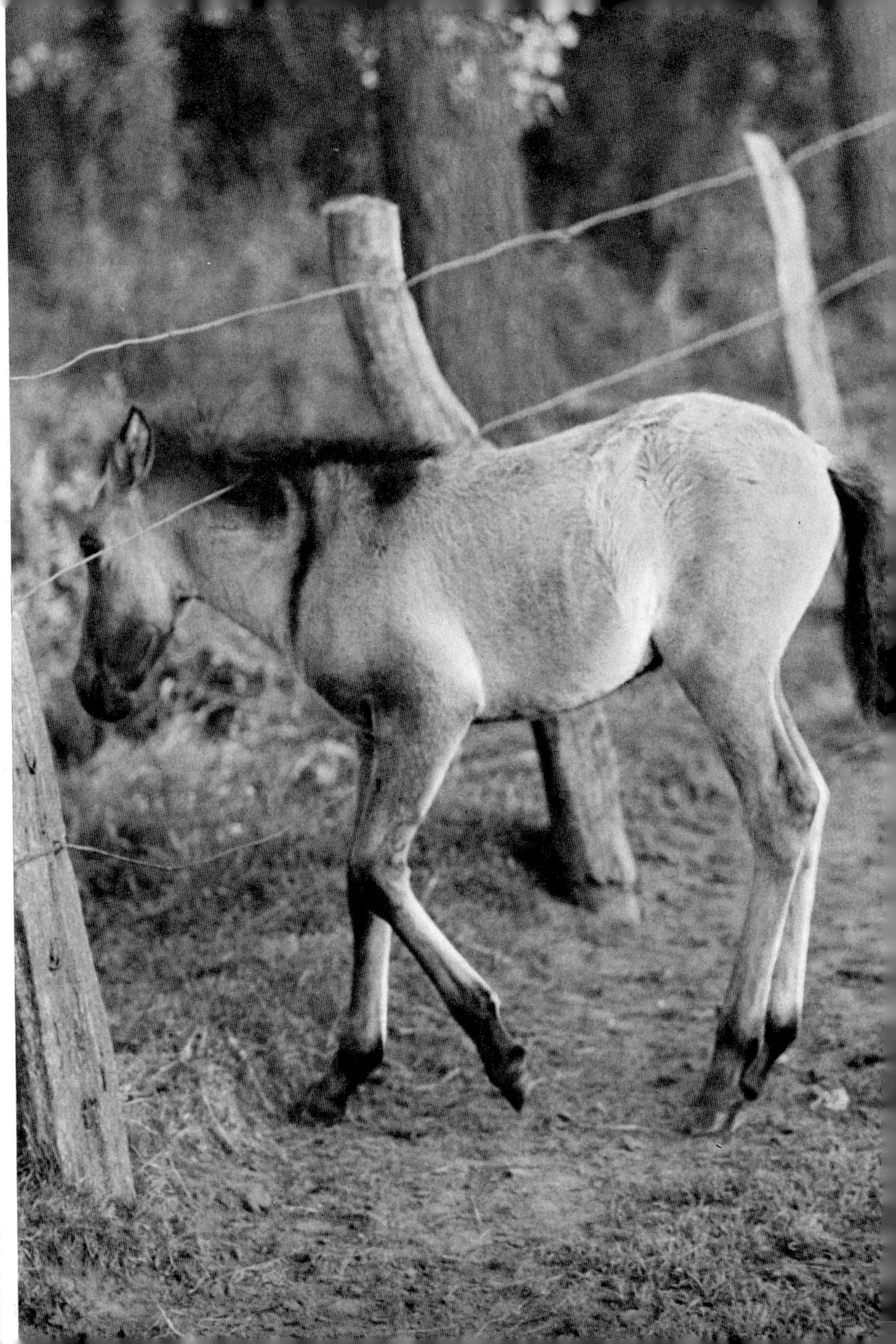

Mäuler heben sich, Zähne rupfen im Vorübergehen die Blätter von den Krüppeleichen (62), ganze Äste sind schon kahlgezupft. Silberpelz ist vom Spähgang zurück und wird nun artig der Mama, die eben über einen Birkenstamm stapft, hinaus ins Freie folgen und sich mit ihr der Herde anschließen, die in breiter Front zum Grasen auf die Weide zieht.

So hat jeder Winkel ihrer Bahn seinen ganz bestimmten Zweck und wird zu bestimmten Zeiten aufgesucht, sei es nun, um dort ein anderes Futter vorzufinden, sei es, um sich vor Fliegen zu schützen, sei es, um im Wind zu stehen. Nichts und niemand kann dabei ihren Instinkt beeinflussen. So hätten wir zum Beispiel an einem Sommertag gern eine Aufnahme der Herde im hohen Kiefernwald gemacht. Wegen der Lichtverhältnisse ist es in Dülmen besonders schwierig, zu photographieren: Braune Pferde vor braunem Wald auf grünem Gras – das gibt kontrastlose Photos. Wir mußten also schon unsere ganze Geschicklichkeit (der Photograph sein beträchtliches Können) einsetzen, um die Bilder dieses Bandes zu «erwischen». Jetzt also wäre der Kiefernwald gerade recht durchleuchtet gewesen: Oberförster Düssel sah es ein und gestattete August und seinen Helfern, die Herde – es wurde schon davon berichtet – vorsichtig auf jenen Wald zuzutreiben. Mit viel List und Tücke bekamen wir sie auch glücklich zu einem Zipfel des Waldes hinein – doch mit Donnergepolter galoppierten sie am anderen Ende wieder hinaus! Diese Pferde sind ganz und gar den Zweckmäßigkeiten ihres *eigenen* Daseins verhaftet; nie zwingt man sie ja, etwas zu tun, was sie nicht wollen. Hier besteht ein gewaltiger Unterschied zu jeder noch so großen, auf noch so weiten Wiesen tagsüber grasenden «zivilisierten» Herde! Keines Menschen Wille herrscht über den ihren. Wollen sie nicht in den Wald hineingehen – nun, so gehen sie nicht und haben vermutlich guten Grund dazu. Besser als wir (die wir nur das Licht sehen) wissen sie, daß an diesem heißen Tag im Wald Bremsen und Fliegen sie quälen, weil sich da kein Windhauch regt. Vielleicht suchen sie das gleiche Waldstück in der kühlen Nacht von selber auf.

Und wie verstehen sie sich mit dem übrigen Wild in der Bahn? Oh, Pferde sind vorsichtig! Ein Beweis ist ihr Verhalten gegen das *Damwild*, das während des Krieges, als in Bombenhageln und Eroberungskämpfen die Einzäunung seiner Gatter im Schloßpark zu Dülmen zerstört wurde, dort auswanderte und allmählich in der geschützten Wildbahn wieder heimisch wurde. Jetzt erst, nach zwanzig Jahren, wird es soweit toleriert, daß die Pferde nicht ausweichen, sondern ruhig weitergrasen, wenn das Damwild an schönen Sommerabenden an den Rändern ihrer Koppeln austritt und äst. Die Hirsche hingegen, die erst neuerdings aus den Waldungen in der Nähe des Industriegebietes hierherziehen, weil es ihnen dort zu unruhig wird, machen sie sichtbar nervös.

Am schlimmsten freilich ist es, wenn sich *Hunde* sehen lassen: Sie werden von den Leitstuten sofort attackiert! (Übrigens fürchten sie sich auch vor Kleinstkindern, deren tapsige Bewegungen ihnen fremd und unheimlich sind.) Schreckliche Furcht ergriff die Herde, als sich einmal *Singschwäne* auf ihrem Gebiet niederließen.

In die schlimmsten Angstzustände, in eine schreckliche, schreckhafte Nervosität, in wildes Durcheinanderlaufen versetzte sie das Auftauchen eines buntgescheckten kleinen Artgenossen, eines *Shetlandponys!* Wilde Flucht schien einzige Rettung vor dem Unheimlichen.

Ihr Freund dagegen ist der *Fuchs*. Er hält ihren Lebensraum sauber, befreit ihn vom Aas: frißt Frühgeburten oder tote Fohlen, tote Vögel, fängt Frösche in den Tümpeln. Unbekümmert streicht er zwischen den gefährlichen Beinen hindurch, streift ein Hinterbein, ohne daß es zum Schlag hochzuckt.

An die *Menschen* haben sie sich mittlerweile gewöhnt. Ließen sie sie vor zwanzig Jahren noch nicht weiter als hundert Meter herankommen, weichen sie heute erst aus, wenn der Abstand fünf Meter unterschreitet. Dort aber ist die endgültige Grenze: Berührung kennen sie weder noch dulden sie sie. Vom Menschen betreut, sind sie ihm dennoch nicht untertan.

Es ist Mitte September geworden,
frühmorgens hängen die feinen Silberfäden des Altweibersommers zwischen den Ginstersträuchern, im Volksmund Liebfrauenfäden genannt oder Muttergottesgespinst. In der Heide vermeint man freilich eher die Nornen, die Göttinnen des Schicksals am Spinnrocken zu sehen; Westfalen hat sich nur schwer von den heidnischen Vorstellungen gelöst.

Das Laub beginnt sich zu färben; die Pferde werfen die glänzenden, nadelgeraden Sommerhaare ab, und es wuchert ihnen krause Wolle von stumpferer Farbe nach.

Tief hingeduckt hockt ein Hase in der Sasse, erdbraun in brauner Mulde am Waldesrand. Gemächlich weidet eine junge Stute auf ihn zu, einzig erfüllt vom Verlangen, Wintervorrat anzulegen. Ritsch-ratsch rupfen die Zähne das zähe Gras, ritsch-ratsch bewegt das Maul sich auf die Sasse zu, in der Mümmelmann gespannt abwartet. Ein Schritt und noch ein Schritt – da kommt ihm der Koloß zu nah: Mit einem Satz schnellt er hoch und schießt schnurgerade auf die Pferdenase zu, worauf die Stute erschrocken zurückfährt und sich aus dem Staube macht. «Keine Angst vor großen Tieren» lautet bei Osterhasens die Devise.

Um vier Uhr nachmittags kehre ich in die Bahn zurück, weil mir beim Ritt auf meiner Héla nach

sonnigem Tag die Bodennebel auffielen. Hauchdünn schweben sie nun empor, füllen die Niederungen vor den Knicks, ziehen eine Decke über den Teich. Die Pferde verlieren zuerst die Hufe, dann die Beine; dann steigt der Nebel nicht mehr, sondern rollt sich vom Boden ab, so daß die Pferdebeine wieder sichtbar werden. Weiß und dicht lagert er einzig vor den Bäuchen, wo er in fester Schicht stehenbleibt. Unten schauen schwarze Beine, oben schwarze Ohrenspitzen heraus. Länger und länger zieht der Nebelstreif dahin, liegt weiß unter der Sonne.
Zeit vergeht; es ist still. Mählich sinkt die Sonne *hinter* den Nebel, färbt ihn zartrosa, kräftig rot. Geht lodernd unter, den Himmel überflammend und den Nebel blutigrot durchglühend: ein seltenes Phänomen der Heide.
Doch was uns vor entzücktem Staunen den Atem raubt, flößte vor knapp hundertfünfzig Jahren den Menschen hier bloß Grauen ein. Ihnen war die Natur nicht Freizeiterlebnis; sie war unbegreifliche, unheilschwangere Macht, die mit Blitzschlag und Kälte, mit Hagel, Dürre und Regenflut ständig ihr Dasein bedrohte.

Nun sinkt die letzte Nadel, rauchend
Zergeht die Fichte, langsam tauchend
Steigt Nebelschemen aus dem Moore,
Mit Hünenschritten gleitets fort;
Ein irres Leuchten zuckt im Rohre,
Der Krötenchor beginnt am Bord.

Und plötzlich scheint ein schwaches Glühen
Des Hünen Glieder zu durchziehen;
Es siedet auf, es färbt die Wellen,
Der Nord, der Nord entzündet sich –
Glutpfeile, Feuerspeere schnellen,
Der Horizont ein Lavastrich!

«Gott gnad uns! wie es zuckt und dräut,
Wie's schwelet an der Dünenscheid!
Ihr Kinder, faltet eure Händ,
Das bringt uns Pest und teure Zeit –
Der Heidemann brennt!»–

Gleichmütig wie heute sahen die Pferde den Nebel ziehen und vergehen; ihnen sind alle Formen der Natur selbstverständlich; sie haben gelernt, sich ihnen anzupassen. Für sie bedeuten die Zeichen des Herbstes eines nur: Vorrat sammeln für das Schlimmere, das kommt. Die Dülmener nehmen nun das harte Pfeifengras in Angriff (69), das sie den Sommer über verschmähten. Entschlossen packen sie auch Farnkraut, Heidekraut und Schmielen an. Taten sie den Sommer über, als sei das Zeug ungenießbar, so wird es nun sichtlich kürzer (75), weggerupft von harten Zähnen. Die Tage sind schön, der Altweibersommer ist sonnig – doch das täuscht sie nicht: Sie wissen, daß harte Zeiten vor der Türe stehen und wappnen sich auf ihre Art, indem sie sich um die Wette noch schnell einen Wanst anzufressen versuchen. Nach einem Sommer wie diesem sehen sie ohnehin aus, als brächten sie im Oktober Zwillinge zur Welt. Nichts als Vorrat, Vorrat für die nächsten Monate! (Wobei übrigens ein Bauch auch im Juni nicht viel besagt: Auch dann kann's Gras sein oder ein Fohlen. Manchen schwillt der Leib so mächtig, daß man nach der Geburt noch meint, es kämen zwei weitere Fohlen; andere sind so rank, daß man ihnen nicht mal das eine glaubt, das neben ihnen läuft.) Jetzt aber – Bauch hin, Bauch her – zwingt ihnen der Instinkt die Köpfe an den Boden, die Zähne ans zäheste Futter – sicher ist sicher!

Die herangewachsenen Fohlen finden nun den Weg an die Milchquelle auch von weiterher. Längst nicht mehr so oft rufen die Mütter sie. Aus den hilflos-herzrührenden Fohlen der Sommertage sind recht rauhbauzig aussehende Gesellen geworden, kurz und gedrungen, mit festem, wohlgenährtem Leib und stämmigen Beinen, mit kurzem, dichtem Fell und einer Mähne, die hier und da schon erwachsen umzukippen beginnt. Beim Streunen über die abgefressenen Ebenen begegnen sie «fremden» Fohlen und zeigen jetzt schon all die Vorsicht, die sie ein Leben lang vor Unheil schützen soll. Pferde sind Fluchttiere; Mißtrauen ist ihnen angeboren (71, 73). Und wenn der andere auch so *aussieht* wie die Freunde, *ist* er damit auch schon ein Freund? Da fährt man zurück und legt die Ohren nach hinten und rammt die Beine fest in den Sand und kommt sich mit den Nasen nur zentimeterweise näher und beschnuppert sich fluchtbereit und versichert sich gegenseitig ausgiebig des besten Wollens und beriecht einander von vorn bis hinten. Ganz zum Schluß erst folgt, was beide am Anfang schon ersehnten – das vertraute Fellkraulen, zu dem nun mal zwei erforderlich sind: Kraul du mich, dann kraul ich dich! Am Hals und die Schultern entlang, über Widerrist und Rücken – überall, wo's juckt und man nicht selbst hinreicht.

Sie wachsen auf, als sei es für die Ewigkeit. Sie dürfen es, denn eine kleine Ewigkeit hat ihre Sippe hier schon Heimatrecht, viel länger als die meisten Menschensippen hier im Umkreis.

69 Wie Drahtgewirr, so hart und hoch, ist im Herbst das Pfeifengras gewachsen.
70 Die Mütter werfen nur gelegentlich noch einen Blick auf ihre Kinder,
71 die – stämmig und stabil geworden – nun ihre Umwelt selbst erkunden.
72 Man trifft sich, schnobert und riecht mißtrauisch,
73 bis man schließlich doch die Position zum Kraulen findet...
74 «Stört mich nicht! Diesen Stock hab' *ich* gefunden!»
75 Pfeifengras, ganz kurz gefressen: im Herbst schmeckt alles, was den Sommer über stehenblieb.
76 Über leere Flächen ziehen die Sippen auf die Futtersuche.

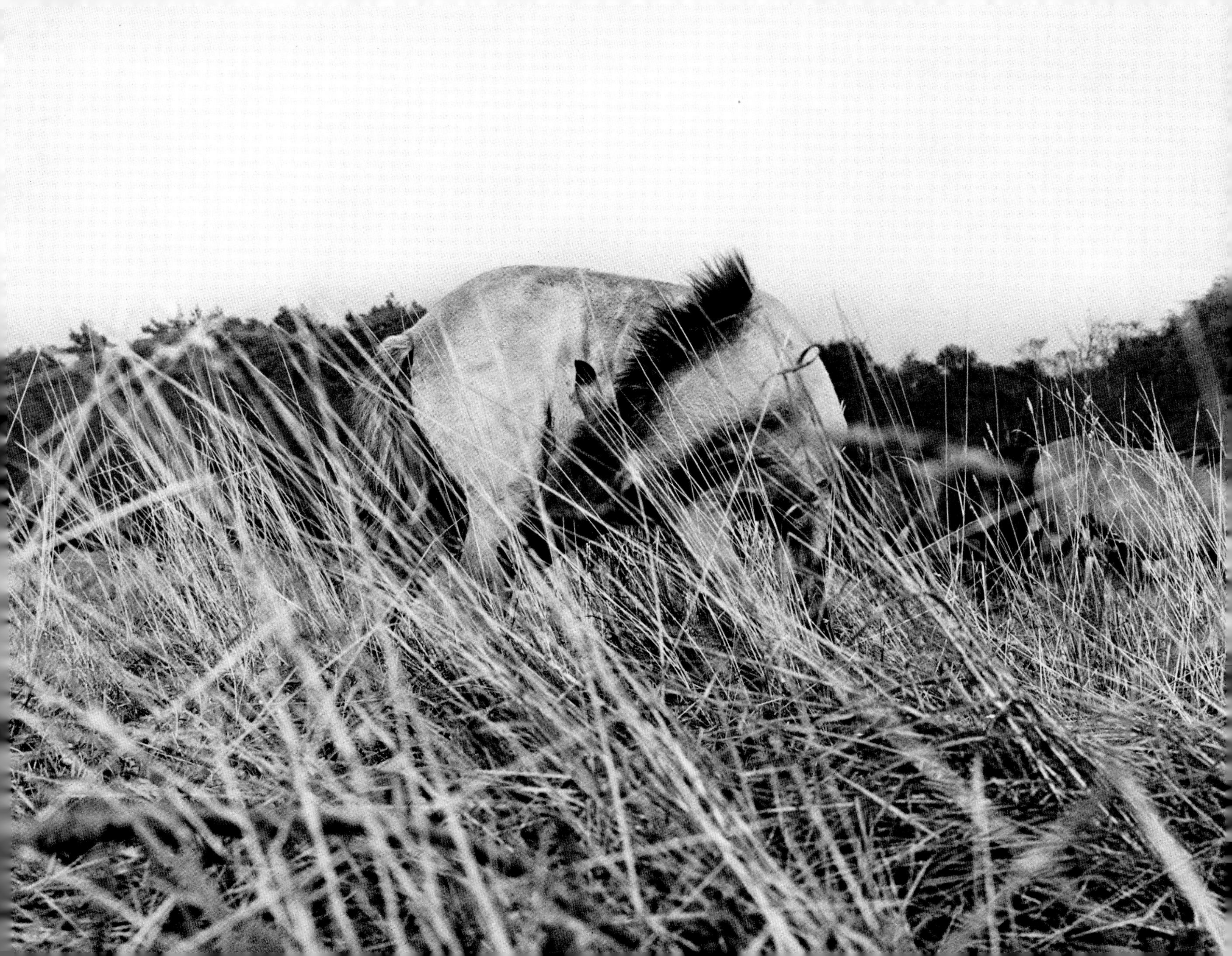

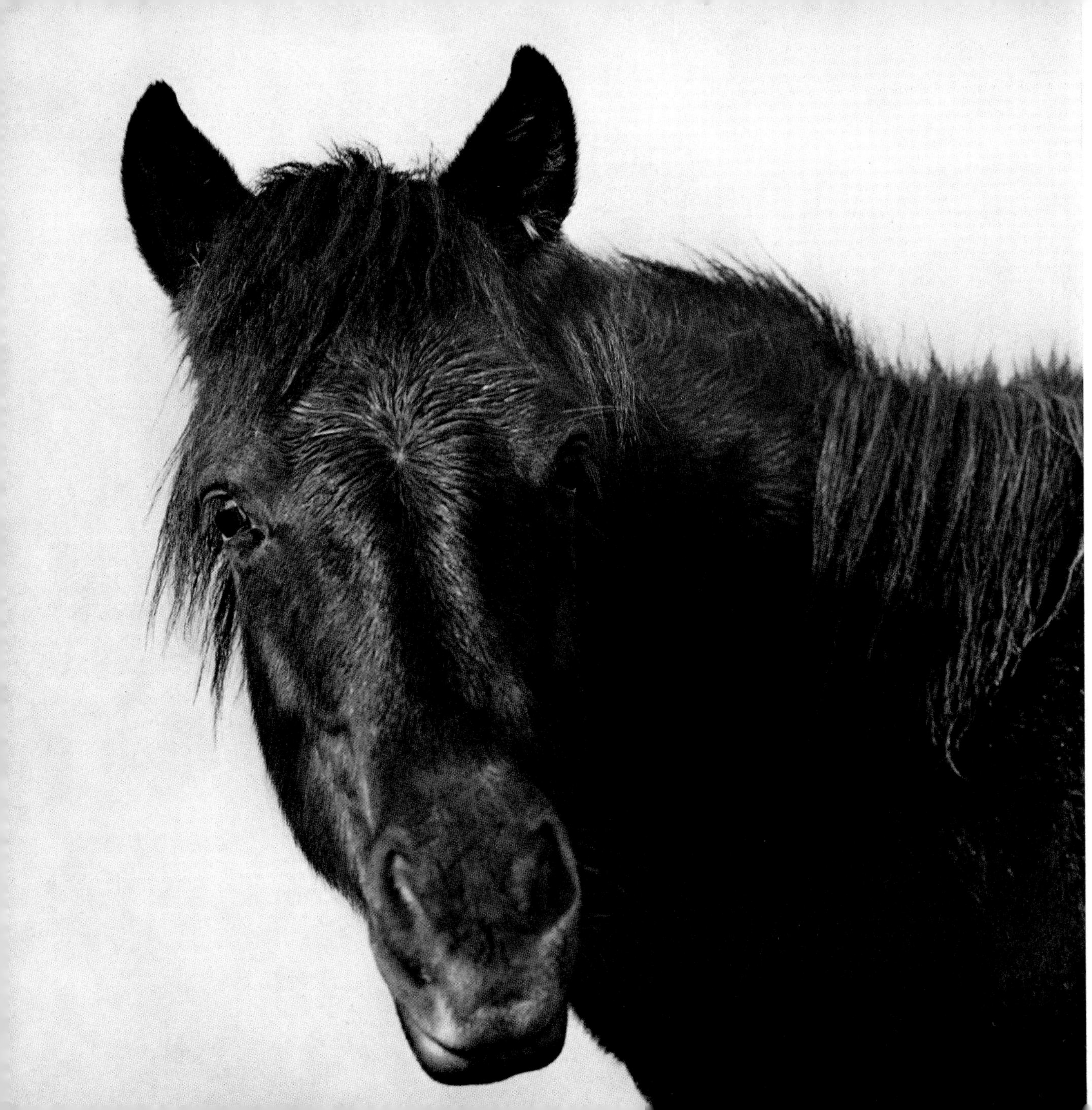

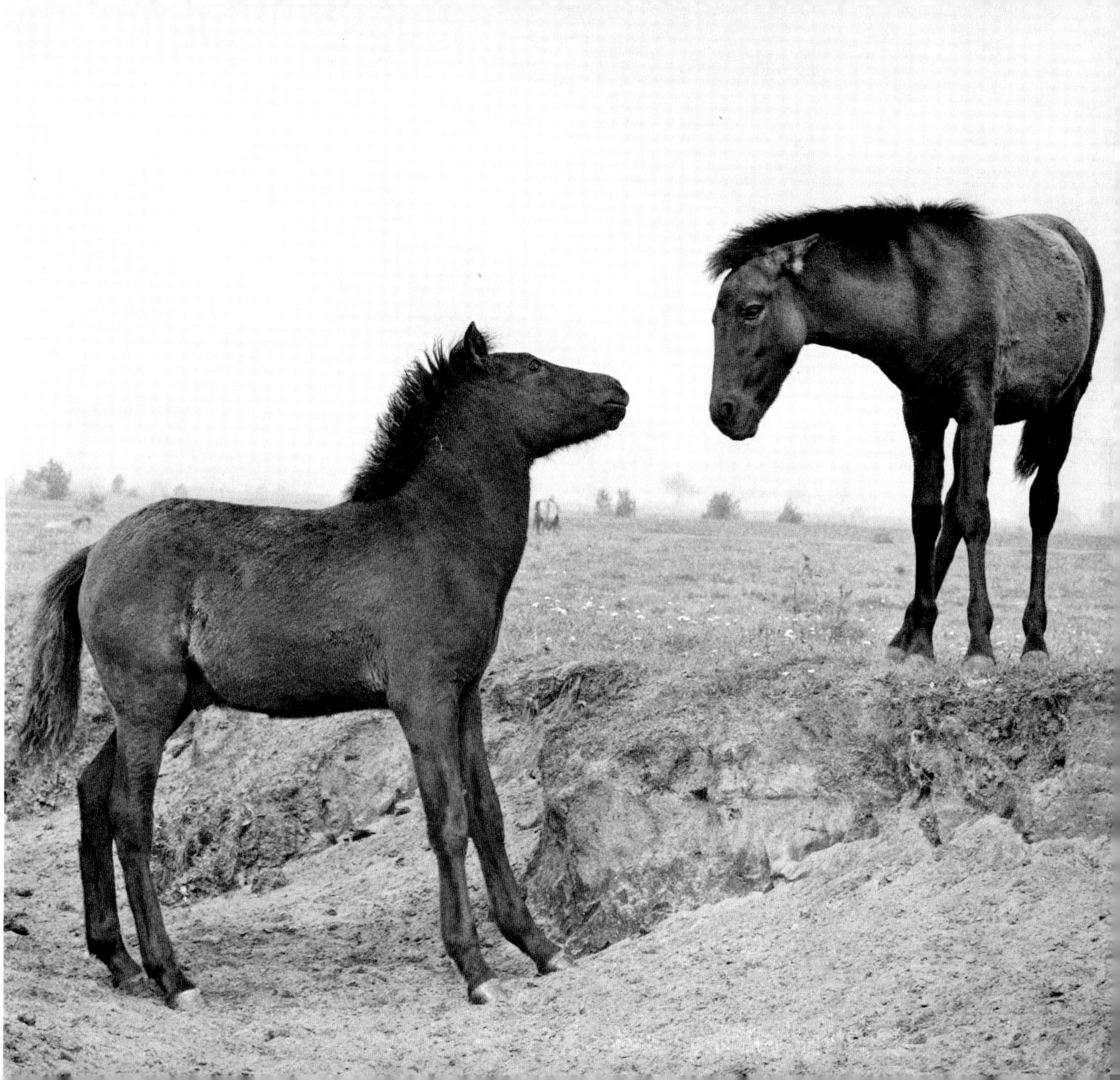

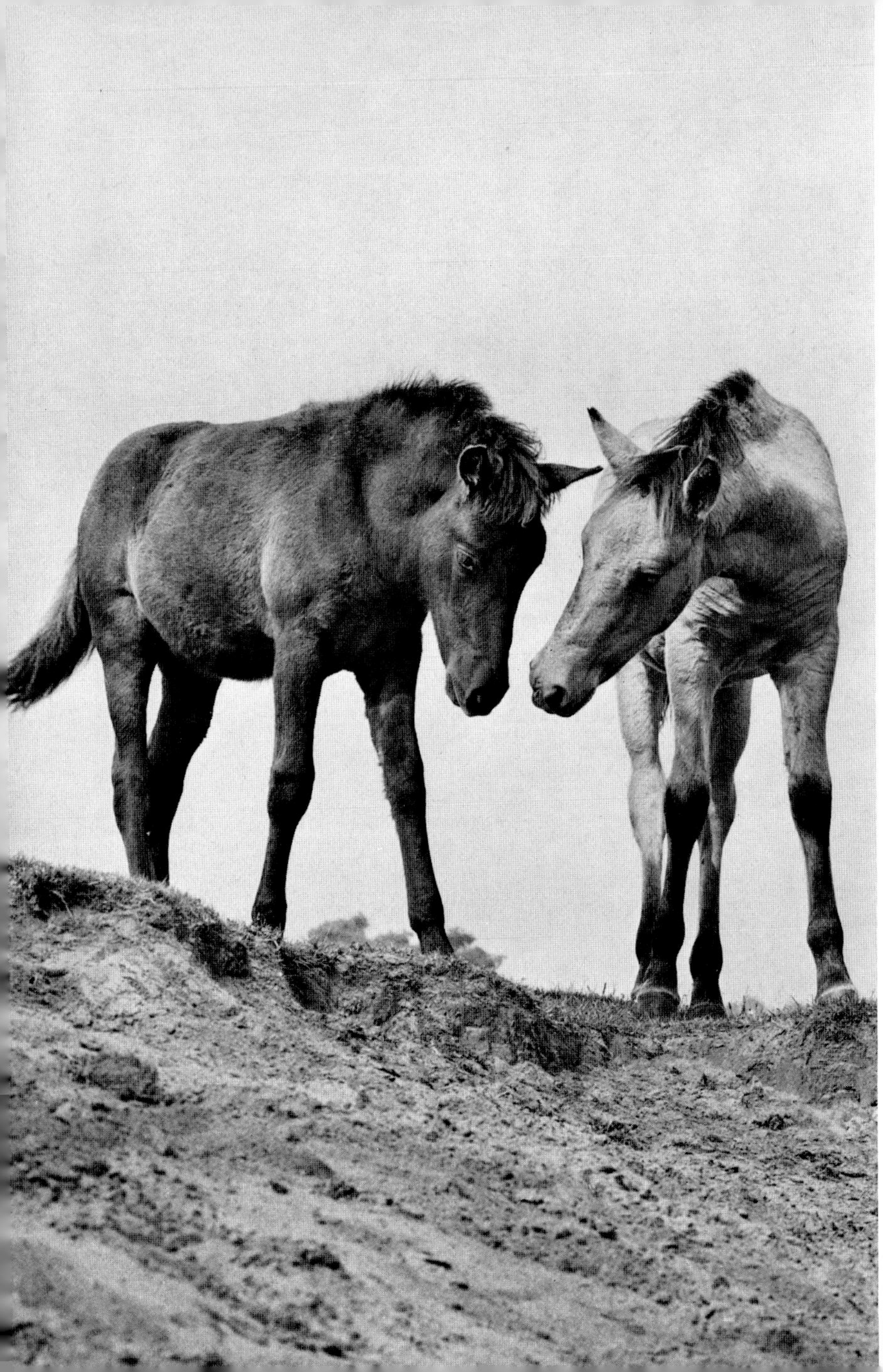
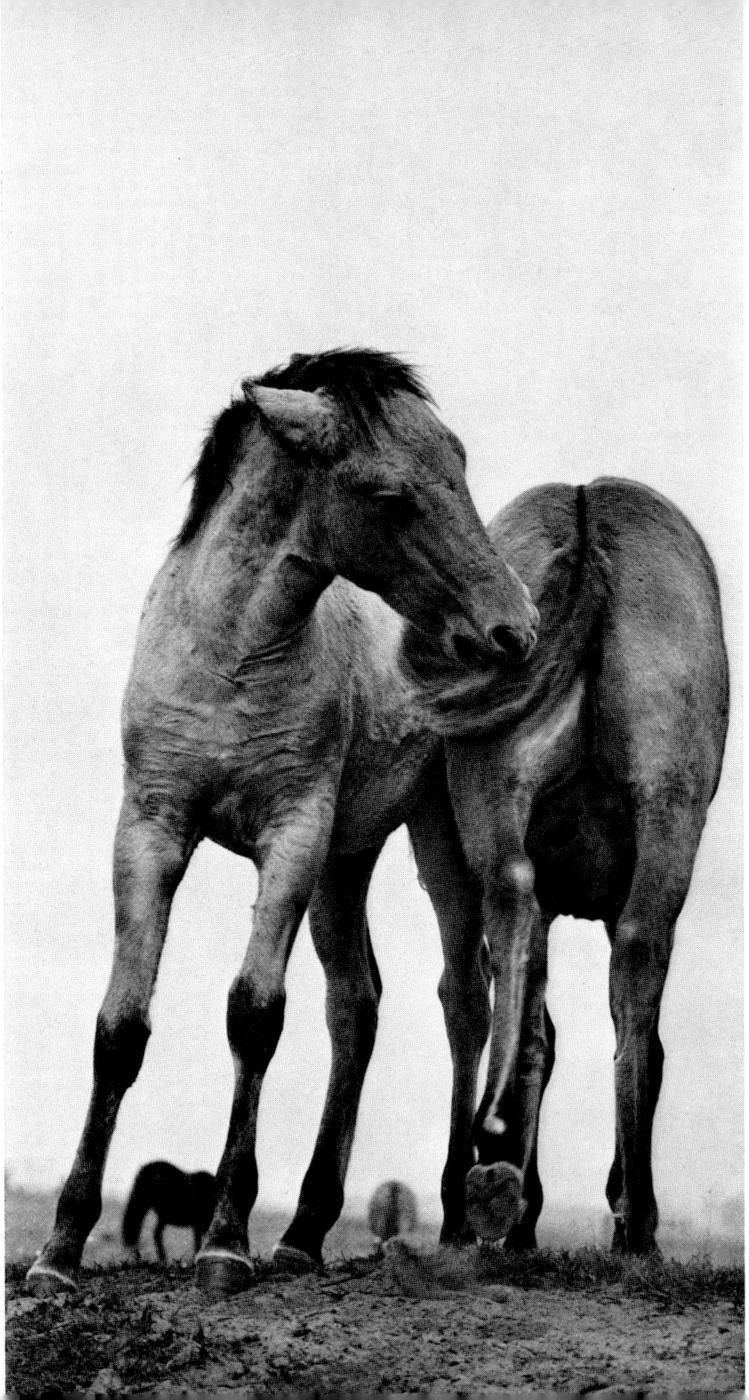

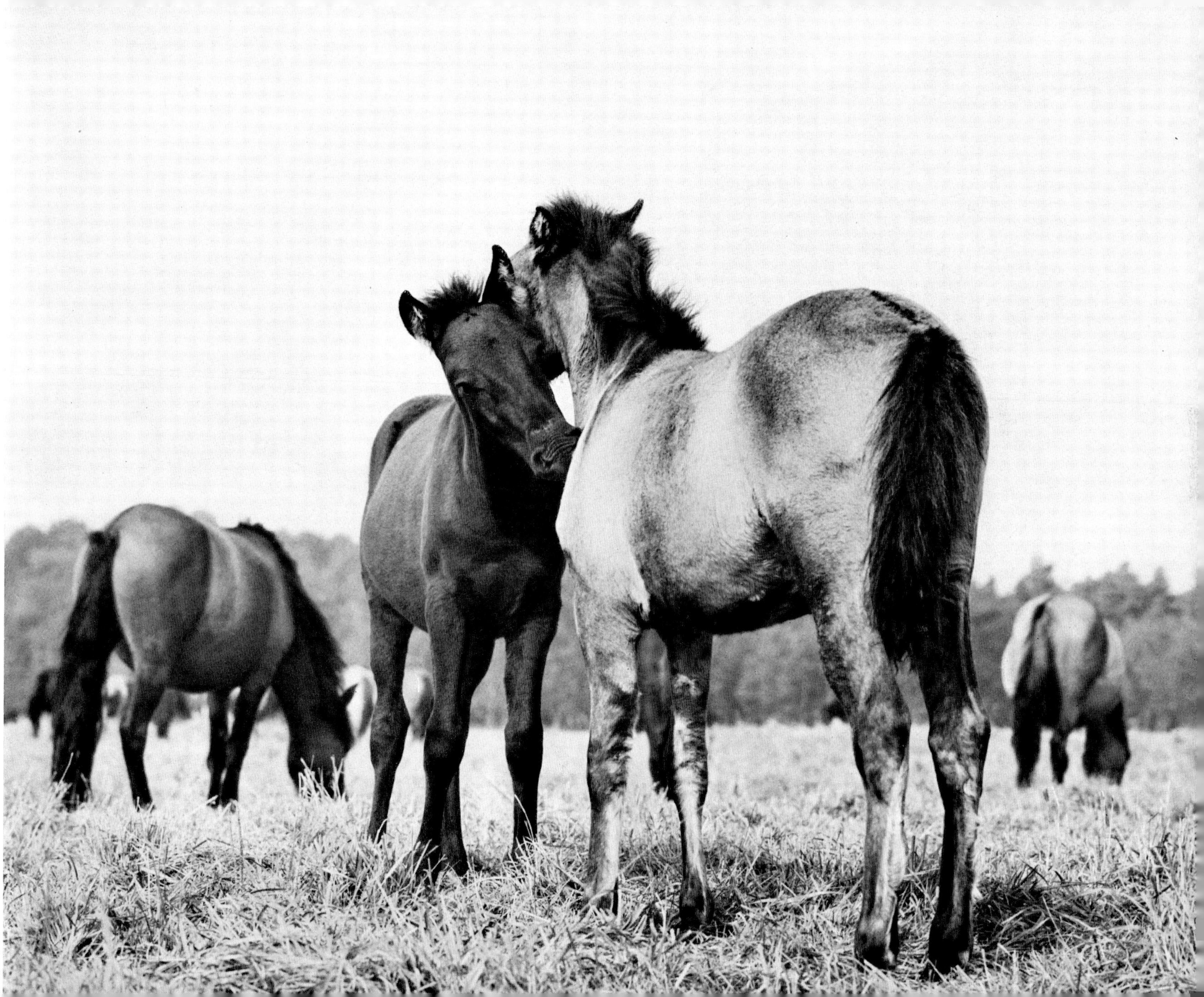

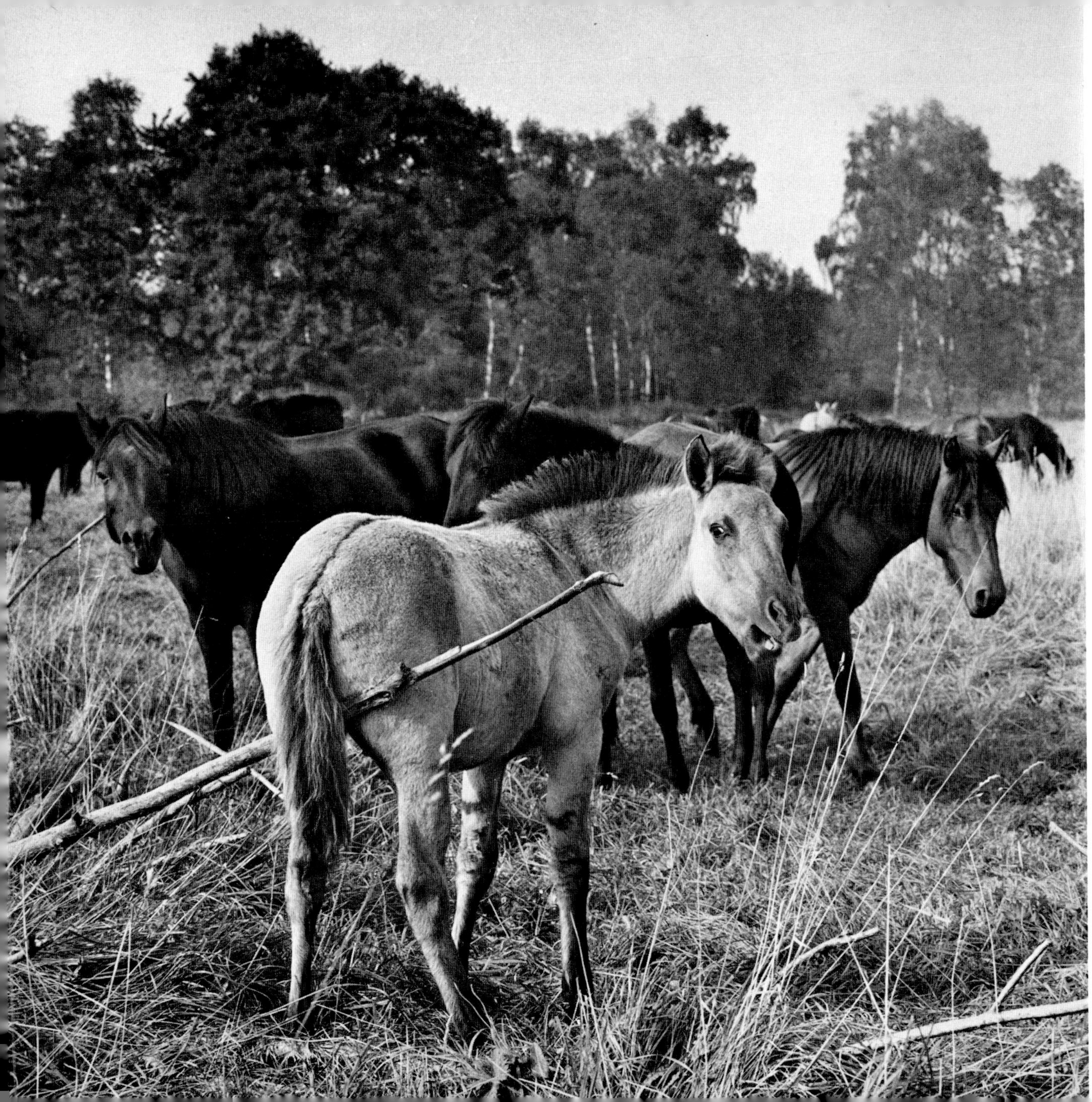

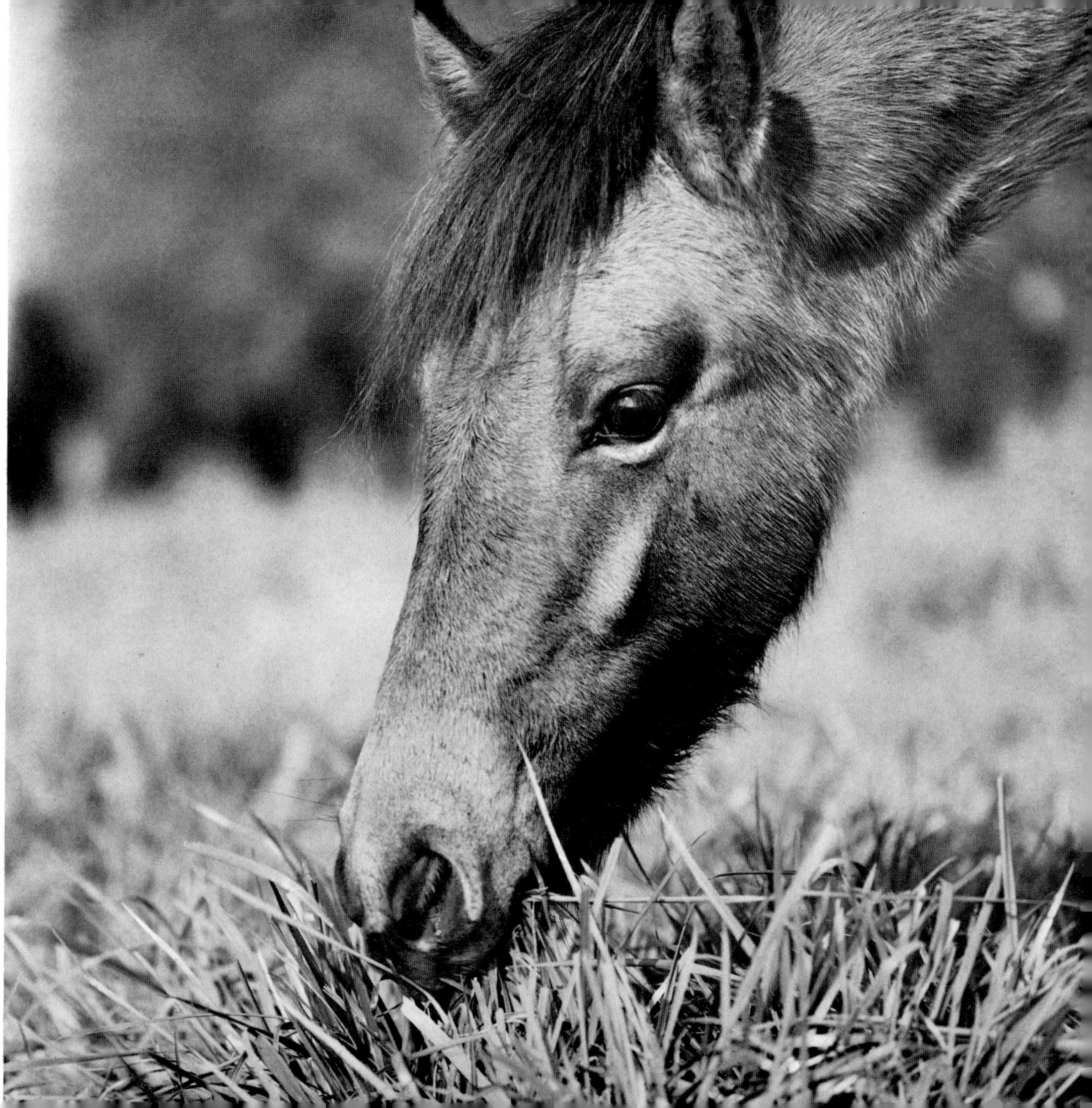

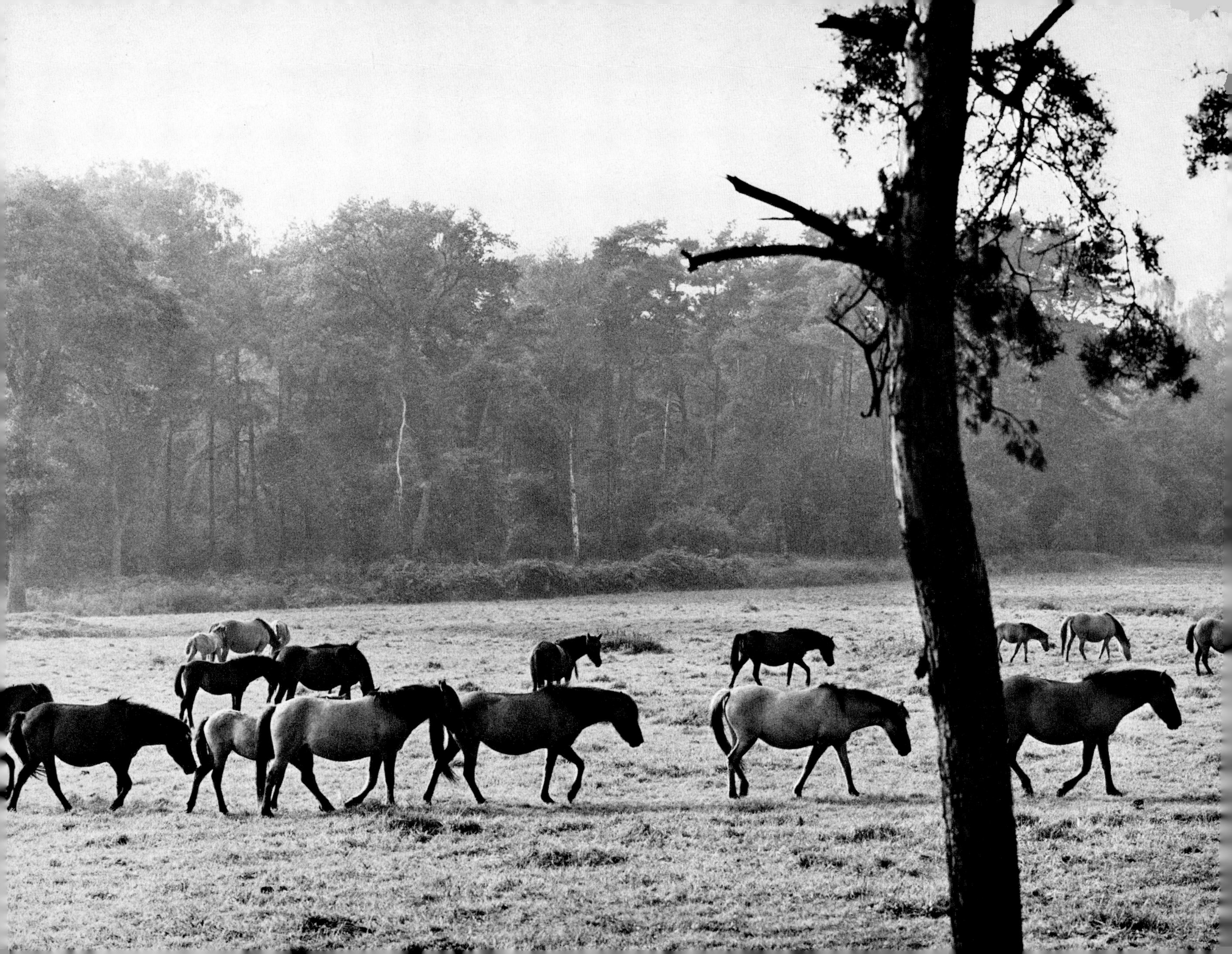

Aus vorchristlicher Zeit
sind im Westfälischen viele Götterhaine bekannt, in denen die Priester weiße Opfer- und Orakelpferde züchteten und hielten; Westfalens Wappentier ist das springende weiße Roß. «Die Rosse merken es zuerst!» heißt es im Volksmund immer noch; aus ihrem Verhalten lasen die Kundigen Sieg oder Niederlage im Krieg, Glück oder Unglück für den Stamm im Frieden heraus. Tacitus berichtet, wie die in Westfalen beheimateten Germanenstämme geschickt zu Pferde kämpften. Karl der Große legte Gestüte an, in denen Pferde planmäßig gezüchtet wurden. Wilde, später halbwilde oder verwilderte Pferde streiften noch bis vor hundert Jahren durch abgelegene Wälder, durch die Brüche und Moore der Niederungen.

Eine echte «Hochzucht» hat sich jedoch erst seit einigen Jahrzehnten mit dem eingetragenen Westfalen-Warmblut entwickelt; das südliche Münsterland, in dem die Dülmener Pferde leben, war besonders arm; seine Bauern spannten Kühe und Ochsen vor den Wagen. Aus jenen Jahrhunderten, die urkundlich belegt sind, ist uns eine eigenartige Form gemeinschaftlicher Pferdezucht bekannt: Grundherren und Bauern grenzten mit Wällen, Dämmen, Gräben und Pfahlzäunen Gebiete von unterschiedlicher Größe ab und ließen darin halbwilde Rosse sich selbst ernähren; bei Bedarf wurden sie herausgefangen.

Die bekanntesten und größten dieser «Wildbahnen» lagen im Emscherbruch, im Duisburger Wald, in der Davert und eben hier in Merfeld. Alle sind voneinander unterschieden, alle für den Pferdefreund interessant.

Der *Emscherbruch* erstreckte sich, wo heute zwischen Dortmund, Oberhausen und Gladbeck das Industriegebiet besonders dicht bevölkert ist. Das Gelände war – je nachdem, wie man es im Laufe der Jahrhunderte erweiterte oder einengte – zwischen vierzigtausend und sechzigtausend Morgen groß und natürlich völlig menschenleer. Es war kein «Bruch», sondern – zu beiden Seiten der Ems – eine gesunde Pferdelandschaft aus Weiden, dichten Wäldern, Büschen, Heideflächen. Hier wuchs ein stämmiger, kräftiger Schlag heran, 150 bis 160 Zentimeter groß, mit breiten, glasharten Hufen, die auch bei späterer Arbeit nie beschlagen wurden. Es gab Braune, Füchse, Rappen und Falben, einfarbig und ohne weiße Abzeichen; Schimmel gab es wenige, Schecken keine. Ihre Robustheit ging in die Annalen ein; es heißt, die «Emscher Dickköppe» hätten weder Druse noch Brustseuche, weder Erkältung noch Kolik gekannt. Ihr Schweifgrund bot ihnen Futter im Überfluß; nur in besonders langen und harten Wintern erbarmten sich die «Wildbahnberechtigten» und gaben Heu und Stroh.

Der Fang fand meist bei jährlichen Treibjagden statt. Alle Bauern im weiten Umkreis waren als Treiber aufgerufen; sie jagten die Halbwilden in *Fallgruben,* die unter die Wechsel gegraben wurden, oder in enge *Verhaue.* Dort wurden der Nachwuchs gebrannt, die Junghengste kastriert, Arbeitstiere aussortiert und bis auf die letzteren alle wieder freigelassen.
Entstand während des Jahres Bedarf an Pferden, so wurden die *Pferdestricker* losgeschickt, die die Pferde mit Stricken fingen und im Laufe der Zeit eine eigene Zunft bildeten. Wie der Förster sein Revier, kannten sie die Wildbahn: kannten die Wechsel zu den Tränken, die Stunden der Äsung im Busch oder in den Niederungen, ja, sie kannten sogar einzelne Pferde und ihre Gewohnheiten. Sippen mit besonders wachsamen Leitstuten lohnten die Mühe nicht: Ihre scharf ausgeprägten Sinne nahmen jedes Geräusch, jeden fremden Geruch wahr; ehe der Fänger sich nur aufstellen konnte, hatten sie ihre Gruppe schon wieder ins Dickicht entführt. Andere waren vertrauensseliger: ihnen warfen die im Blattwerk eines Baumes versteckten Fänger ein Strick-Lasso um den Hals. Hilflos hingen die Tiere schließlich am Baum – stürzten erschöpft und schaumbedeckt vom Kampf gegen die enger werdende Öse zu Boden. Der Schreck der Freiheitsberaubung war für diese ausgewachsenen Tiere natürlich viel einschneidender und nachhaltiger als für die kleinen Merfelder Jährlinge von heute, die überdies nicht schwere Arbeit erwartet sondern die Freundschaft tierliebender Menschen.
Wie riesig die Bestände des Emscherbruches waren, mag man daraus ersehen, daß während der napoleonischen Kriege der Herzog von Arenberg ein ganzes Regiment mit gezähmten Emscherpferden beritten machte!
Um 1850 wurde das Gebiet des Emscherbruches neu aufgeteilt, urbar gemacht, die letzten Pferde wurden verkauft – und heute wachsen dort Hochhäuser und Fabriken wie einst Bäume...

Nicht weit entfernt davon lag zwischen Emscher, Ruhr und Lippe (also wiederum im dichtesten Industriegebiet) der zwanzigtausend Morgen große *Duisburger Wald.* Seit unvordenklichen Zeiten war er zur Gänze mit dem «Wildfrieden» umhegt, einem hohen Wallgraben oder Heckenzaun. In seinen herrlichen Waldgründen jagten schon die fränkischen Kaiser und Könige. Er befand sich vorwiegend in adligem und Stiftsbesitz; «Buschhauptmänner» übten die Aufsicht aus.
In größeren zeitlichen Abständen fanden hier «Generaljagden» statt mit Tausenden von Treibern, die jeweils mehrere Tage und Nächte im Wildforst zubrachten. Sie jagten die Pferde in ein mit

starken Hecken und Pfosten abgesperrtes Gelände. Wo die Wildlinge erfahrungsgemäß die Treiberketten zu durchbrechen pflegten, wurden sie «eingelappt», das heißt, es wurden Tücher, Lappen und Netze in Büsche und Bäume gehängt. Der Rückwechsel wurde durch Feuerketten verhindert. Die letzte Generaljagd fand – mit zweitausendfünfhundert Treibern – 1815 statt.

Auch hier gab es *Wildfänger,* die vom Baum aus Fangstricke mit schweren Holzklötzen um die Pferdehälse warfen – und es gab *Wilddiebe* (wie auch in den anderen Bahnen). In einem Bericht von 1821 über die Pferde in Westfalens Brüchen schreibt der preußische Major Katte: «Man nannte sie Wildpretpferde», und es ist auch nicht einzusehen, weshalb in fleischarmer Zeit die Bauern nicht lieber ein wohlgenährtes Pferd als einen Hasen fangen sollten.

Durch die Jahrhunderte klingt das Jammern der Bauern rund um den Wildforst fort: Brachen doch ihrerseits die hungrigen Tiere überall dort, wo die Umzäunung nicht genügend gepflegt war, im Herbst und im Frühjahr aus und verheerten die Saat auf den Feldern. Obwohl es streng verboten war, wurden sie auch aus diesem Grunde gejagt und getötet. Zeitweilig waren auch die Häute der Wildrosse begehrt und man «erfand» ein schauriges System, sie zu erlangen: Die Diebe trieben die Tiere im Winter auf das Eis der überschwemmten Wiesen und Äcker, wo sie stürzten, einsanken und sich die Beine brachen. Die ärgsten Feinde der Pferde im Duisburger Wald waren indes die Wolfsrudel, die es in großer Anzahl gab.

Auch hier wurden während der Franzosenherrschaft zu Anfang des 18. Jahrhunderts Regimenter auf Wildpferden beritten gemacht; vorher schon lieferte der Duisburger Wald den bergischen Regimentern ihre Remonten. 1814 löste der «Civil-Gouverneur Gruner (vielleicht etwas übereilt) dieses Gestüt auf» (Katte).

Die *Davert* ist eine Niederung südlich von Münster, früher sehr waldreich und nur selten von eines Menschen Fuß betreten. In sehr alten Zeiten soll es hier Tausende von Wildrossen gegeben haben. Den größten Teil des fünfzehntausend Morgen großen Gebietes bedeckten Eichenhoch- und Niederwald, mit Blößen, Heiden, Torfbrüchen und Sümpfen und von breiten Bächen durchzogen. Zwei Wildbahnmeister beaufsichtigten die Herden und hielten die Zäune instand. Diese Wildlinge, «Davertnickels» genannt, waren etwa 150 Zentimeter groß, eisenhart und kräftig, etwas untersetzt. Ihre Hufe brauchten gleichfalls keinen Beschlag. Ihre Langlebigkeit und Genügsamkeit waren berühmt. Vom Typ her eigneten sie sich mehr zu Acker- und Wagenpferden. Offiziell wurde die Bahn 1812 geschlossen, aber die Bauern hatten sich so an die bequemen Bahn-

pferde gewöhnt, daß sie ihre Zuchtstuten weiterhin frei laufen und die Arbeitspferde über Winter «verwildern» ließen. Man trieb sie nach der Herbstbestellung zurück in die Freiheit und legte ihnen in Scheunen Heu vor. Das ersparte die Mühe der Stallhaltung.
In diesen Heuschuppen wurden sie im Frühjahr wieder eingefangen. Man spannte entweder Schlingen in den Eingang oder ließ sie vom Heuboden aus «ins Garn gehen».

Die Geschichte des Merfelder Bruches
hört sich daneben bescheiden an. Die kleinste der Bahnen hatte auch kleinere, unansehnlichere Pferde als «Davertnickels» und «Emscher Dickköppe». Nirgends liest man, daß auf ihnen Regimenter beritten gemacht oder hochadlige Jagden auf sie abgehalten wurden.
Ihre Heimat war eine arme Gegend: Auf moorigem Boden wuchs saures Gras, Binsen, Erlengesträuch. Magerer Sandboden schaute unter der Heide vor, struppige Waldstücke und Haselwälle wechselten eintönig miteinander ab; Brombeergefilz, modernde Stämme und überwachsene Einschläge versperrten die Zugänge. Da es noch keine Entwässerung gab, stand monatelang Stauwasser auf den Grasflächen.
Das Münsterland war hier schwach besiedelt; weit verstreut wohnten die meist armen Bauern. Aus der Zeit bis zum Ersten Weltkrieg erzählen die älteren Leute jetzt noch, daß sie über Heidepfade liefen, wo heute Autostraßen die Dörfer verbinden, und daß sie im Sommer «Wellheide» stachen, die Erde herausschlugen und das zähe Gestrüpp als Winterfutter und Einstreu für die Kühe trockneten. Kein Menschenleben ist es her, daß der Boden noch weithin versumpft war; endlose braune Abzugsgräben zeigen, wie in unseren Tagen die letzten Streifen Venn trockengelegt werden. Im Merfelder Bruch ist noch eine Ahnung an jene langen, langen Zeiten wachgeblieben, in denen hier «wilde» Pferde im schwappenden Moor lebten, auf schwankendem Grund, in urwaldartigen Dichtungen.
In der Nähe der Gehöfte wurden Rinder, Gänse und Schweine in den Bruch getrieben – doch nicht zu weit: Das Moor war gefährlich!
Unser Verhältnis zur Natur hat sich völlig gewandelt. Wir erleben ihre Schönheit zivilisiert, haben ihre Schrecken weithin gebändigt: Sümpfe trockengelegt, Gestrüpp gerodet, Straßen hindurchgezogen. Weit strahlt aus unseren Häusern das Licht, Taschenlampen erhellen unseren Pfad bei Nacht. Wo kein Licht ist, da ist Furcht; wo im Dunkeln kein Pfad ist, verdoppelt sich die Furcht:

81 In fernen Winkeln, hinter kahlen Bäumen, sucht die Herde karge Nahrung.
82 Im Oktobernebel sehen wir sie jählings ohne Regung vor uns stehen.
83 Im modrigen Wald, zwischen faulendem Fallholz suchen sie lebenswichtige Futterstoffe.
84 Schattenrisse, scharf umrandet: längst haben ihre Augen uns im Dunst entdeckt.
85 Die Stute «flehmt»: fremder Ruch ist ihr in die Nüstern geraten.
86 Im Novemberregen deckt blankes Wasser weite Wildbahnflächen zu;
87 die Pferde drängen gierig an die Haufen alten Heus heran.
88 Im Winter geht es wieder besser, denn der Schnee ist trocken.

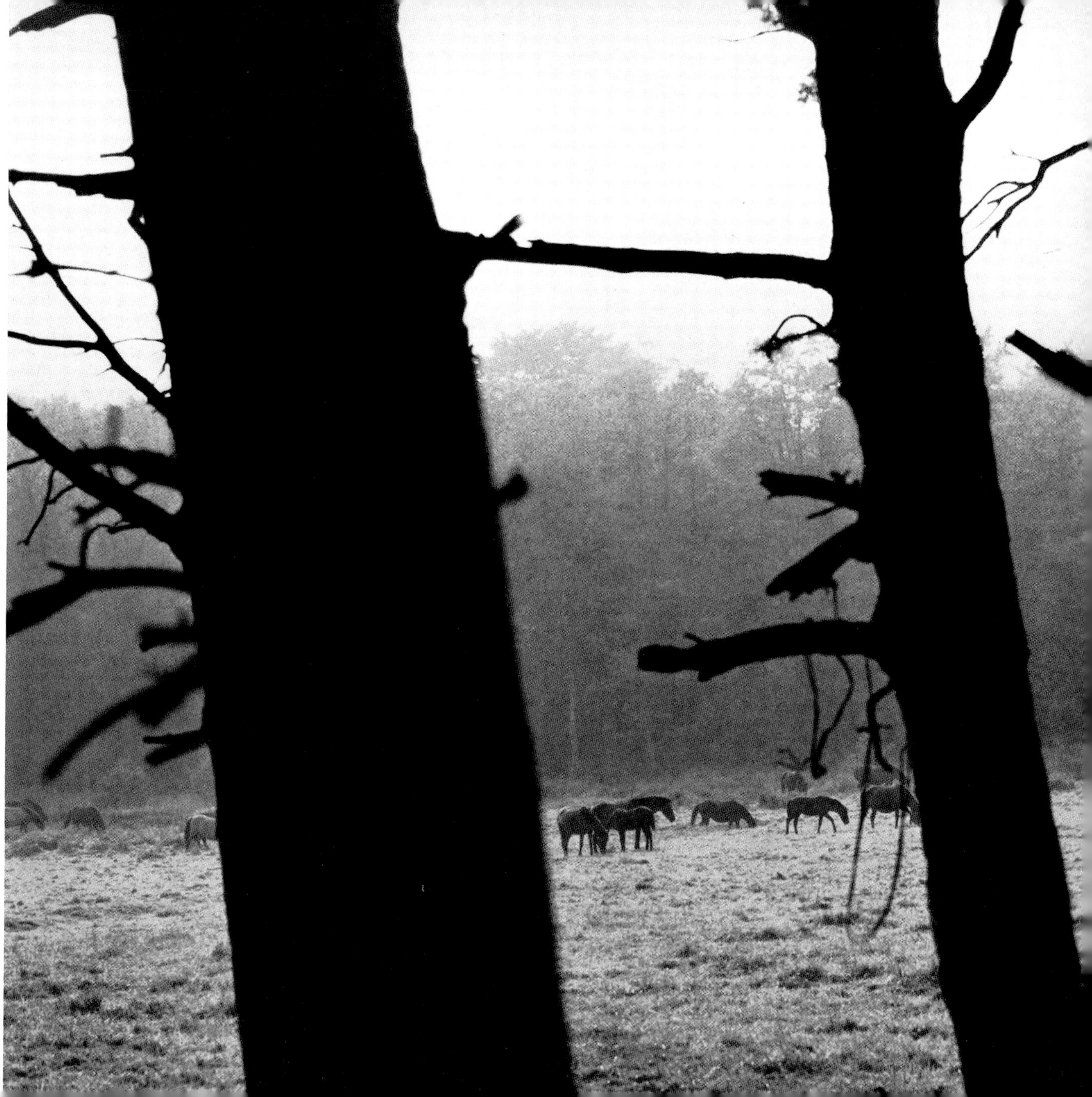

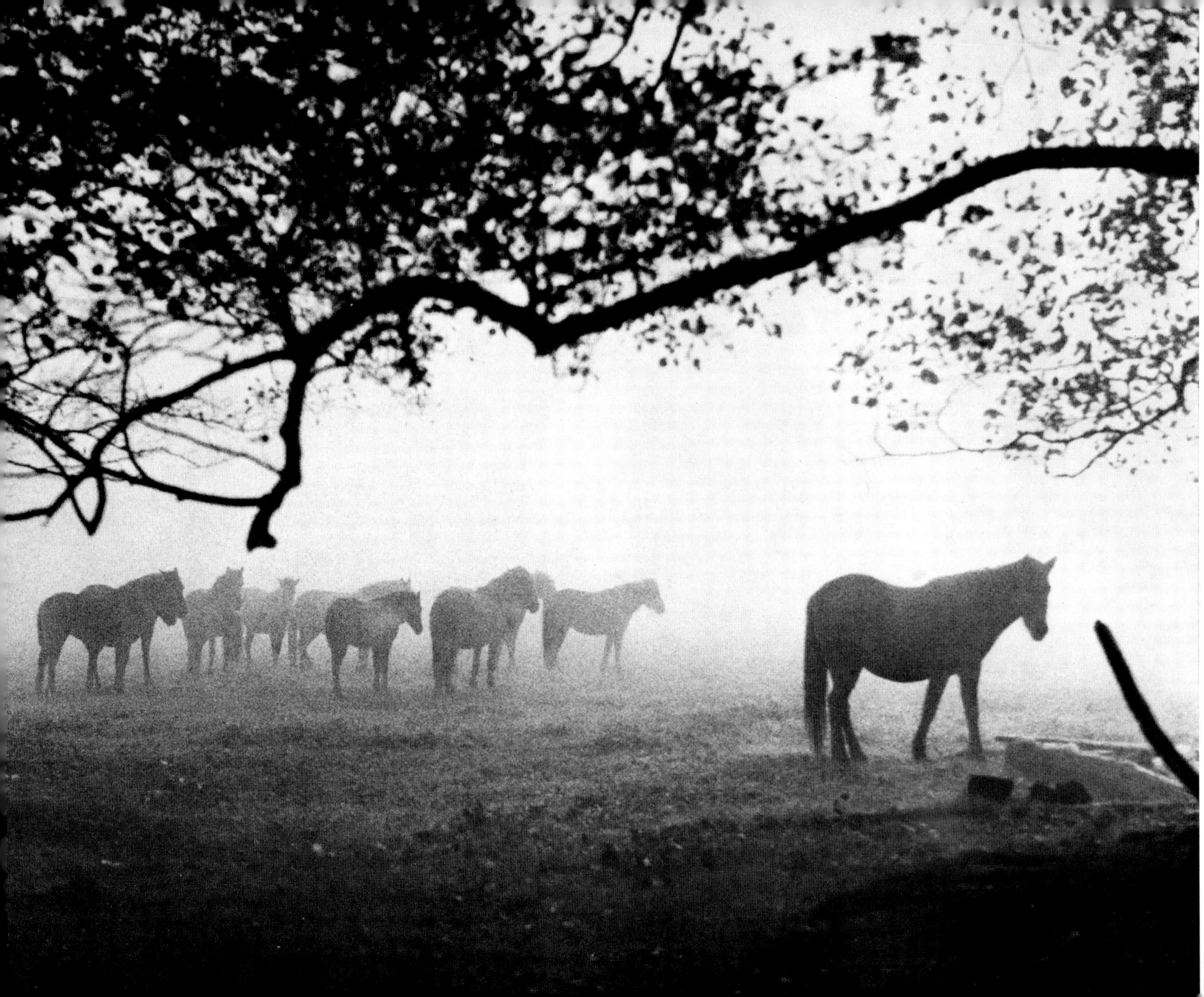

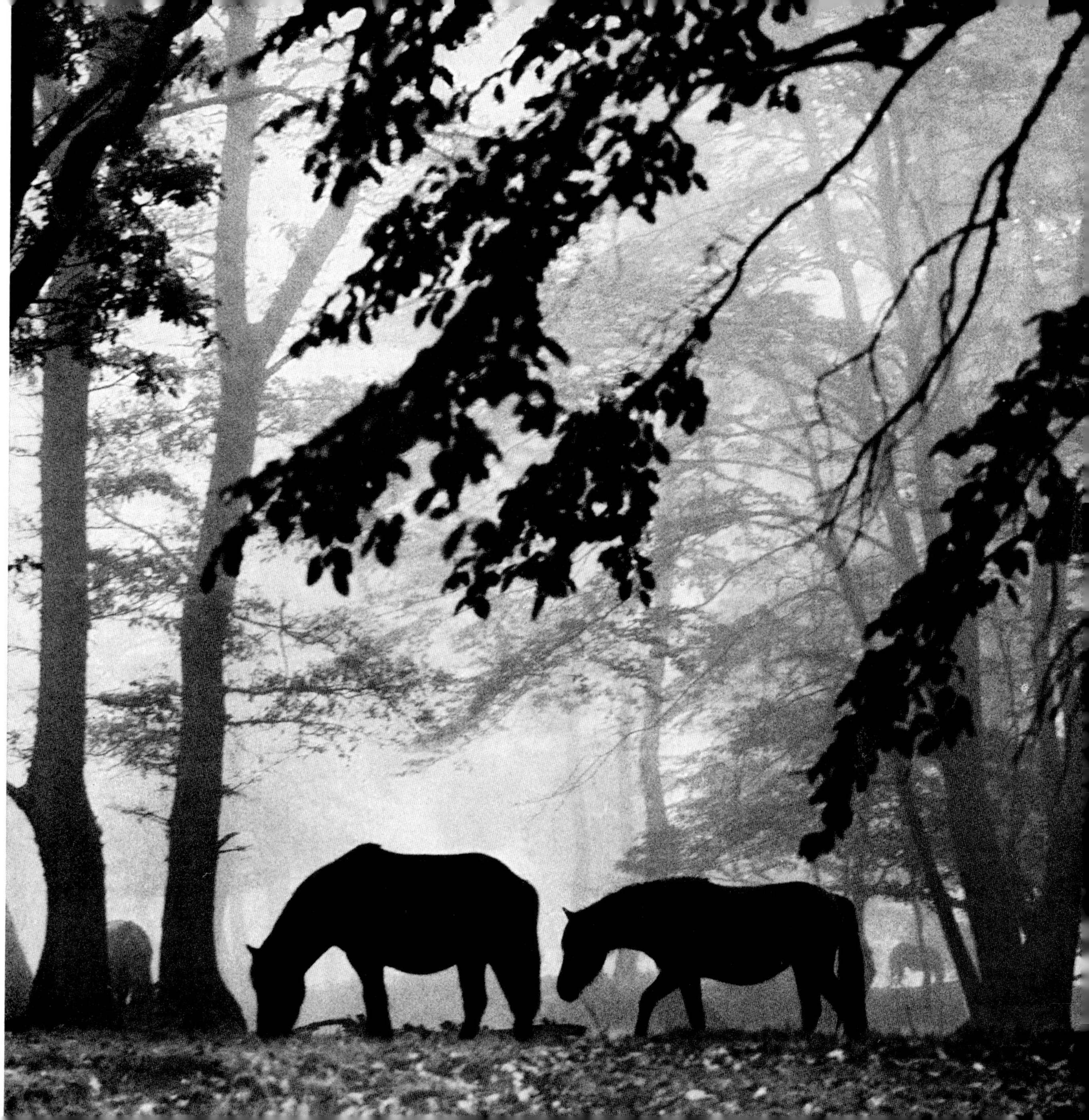

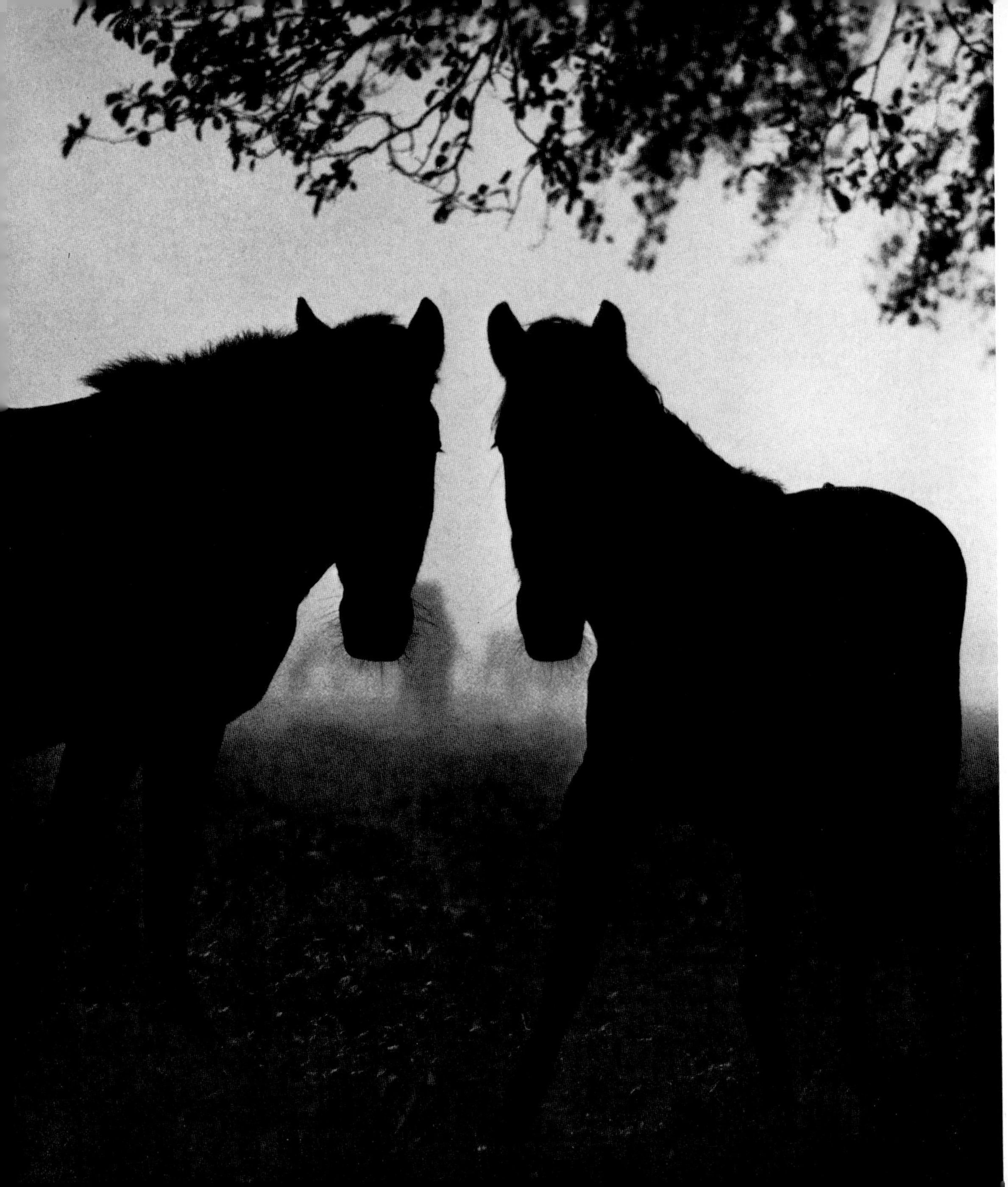

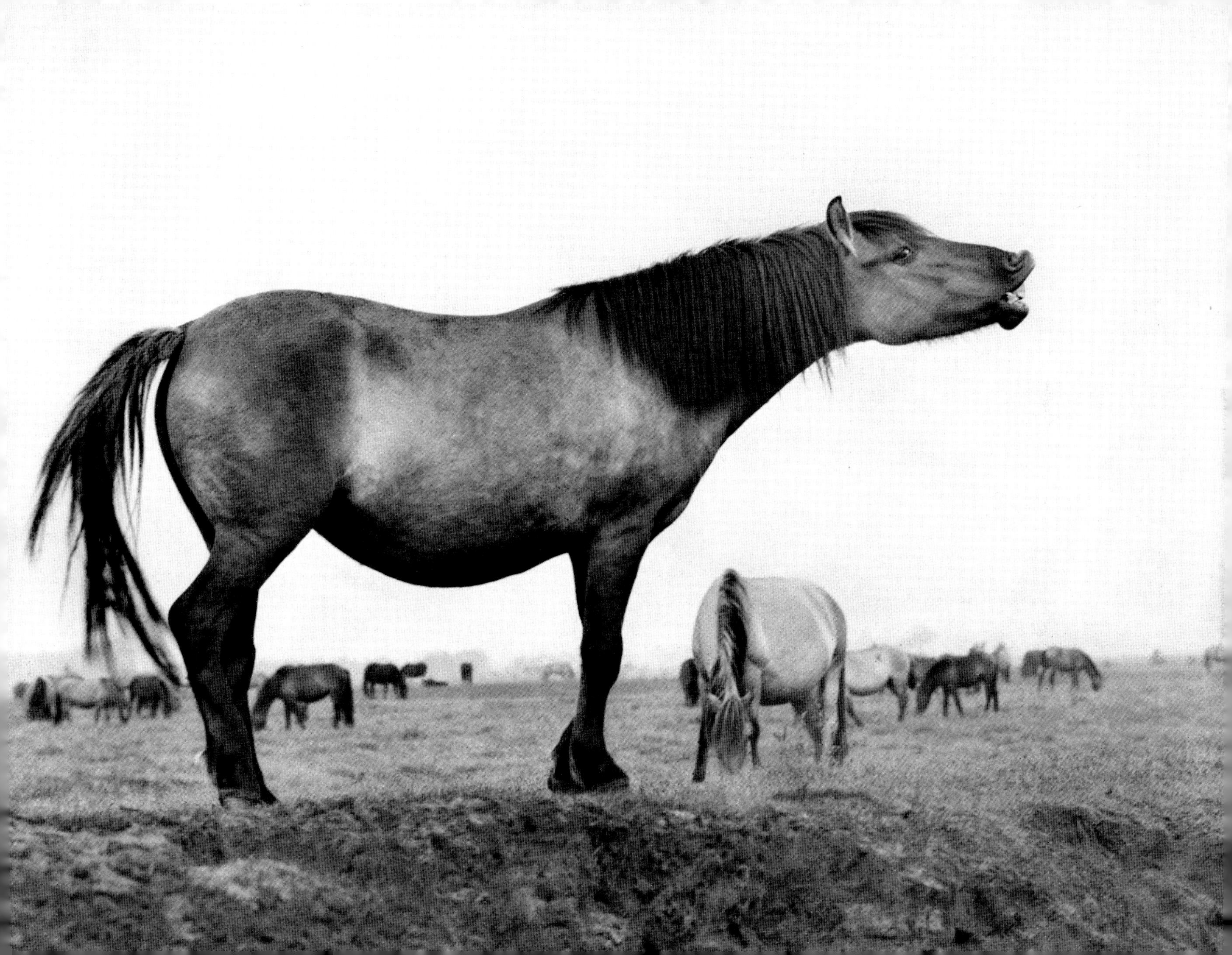

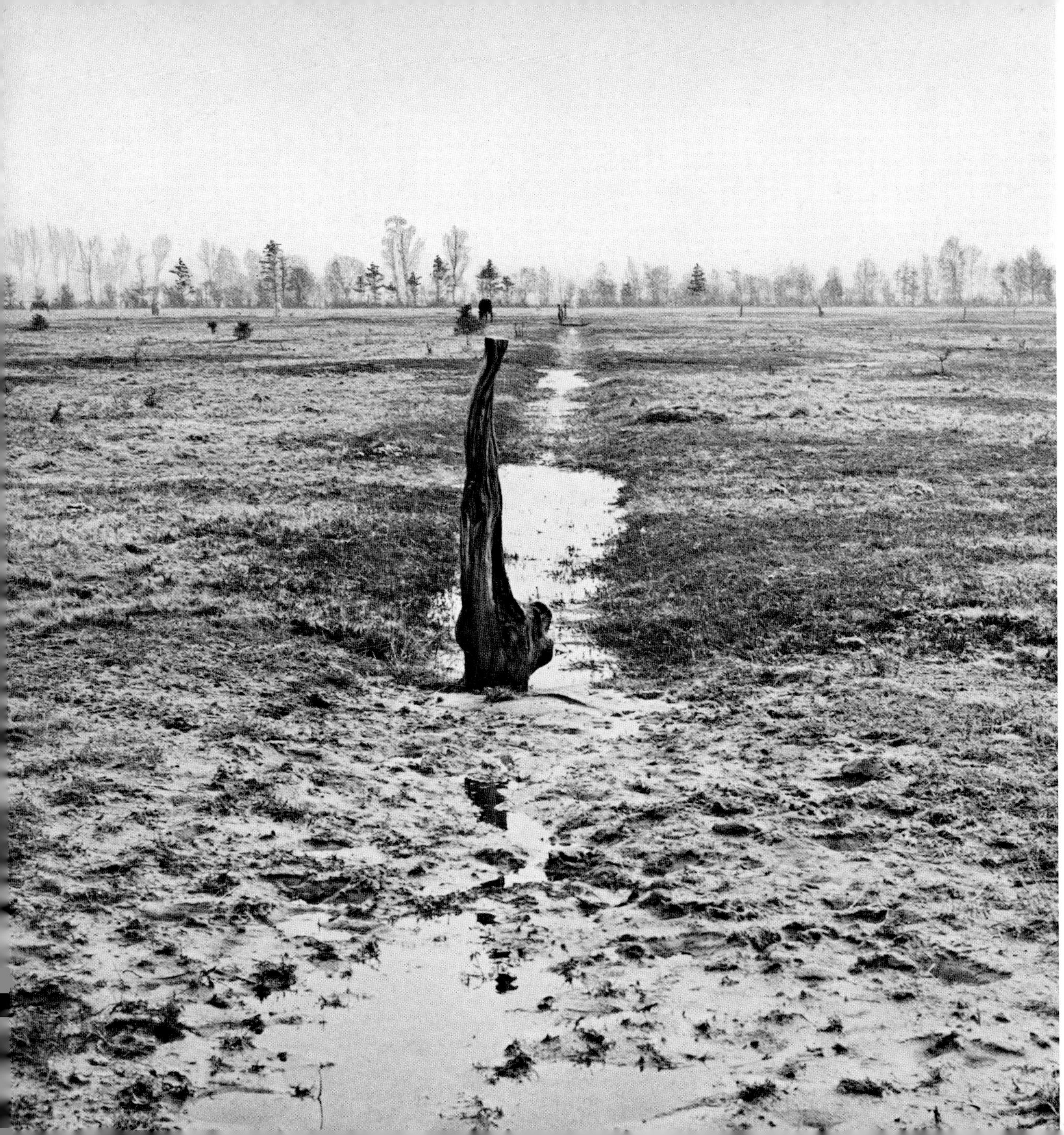

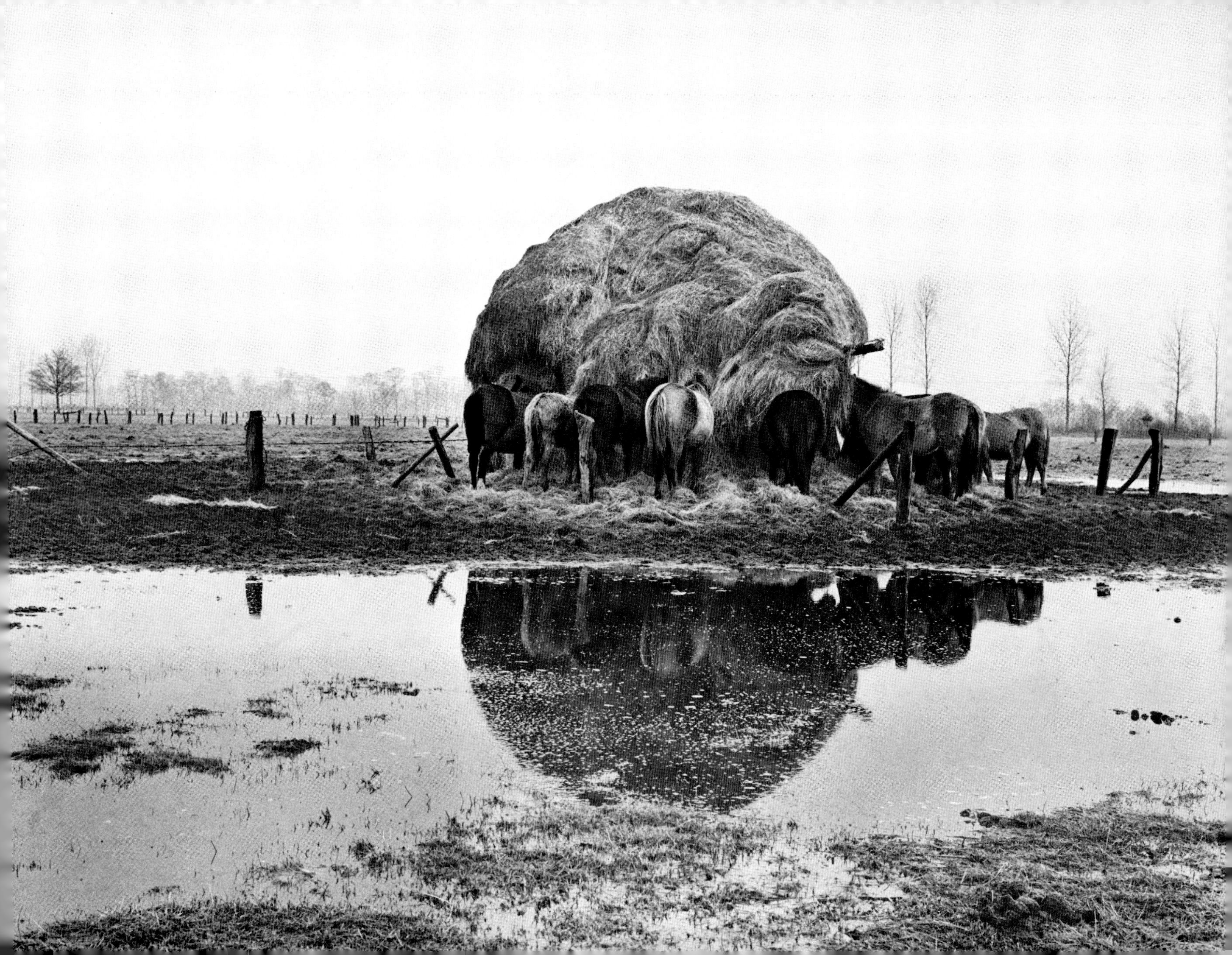

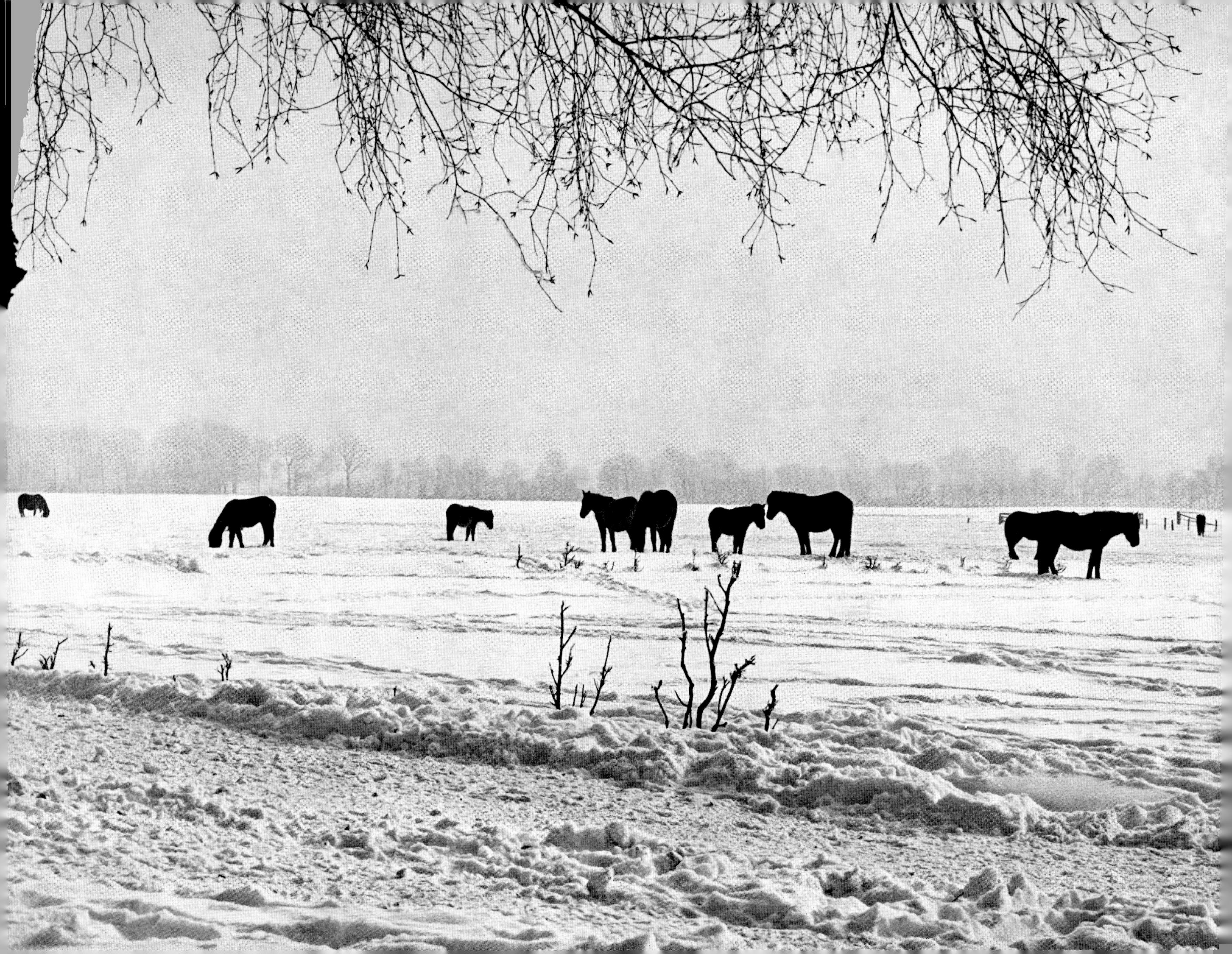

O schaurig ists übers Moor zu gehn,
Wenn es wimmelt vom Heiderauche,
Sich wie Phantome die Dünste drehn
Und die Ranke häkelt am Strauche,
Unter jedem Tritte ein Quellchen springt,
Wenn aus der Spalte es zischt und singt,
O schaurig ists übers Moor zu gehn,
Wenn das Röhricht knistert im Hauche!

Vom Ufer starret Gestumpf hervor,
Unheimlich nicket die Föhre,
Der Knabe rennt, gespannt das Ohr,
Durch Riesenhalme wie Speere;
Und wie es rieselt und knittert darin!
Das ist die unselige Spinnerin,
Das ist die gebannte Spinnlenor',
Die den Haspel dreht im Geröhre!

Voran, voran! nur immer im Lauf,
Voran, als woll es ihn holen!
Vor seinem Fuße brodelt es auf,
Es pfeift ihm unter den Sohlen
Wie eine gespenstige Melodei;
Das ist der Geigemann ungetreu,
Das ist der diebische Fiedler Knauf,
Der den Hochzeitheller gestohlen!

Was solcherart den Menschen mit Grauen erfüllte, schützte die Pferde. Niemand machte ihnen das Moor streitig; das dünne, feine Unterholz war so undurchdringlich wie der Urwald von Kamerun. (Ich bin in beiden schon stundenlang steckengeblieben!).

Es ist urkundlich bezeugt, daß sich bereits 1316 – also vor über sechshundertfünfzig Jahren – die Herren von Merfeld das Recht an den wilden Pferden sicherten. Um die Mitte des vorigen Jahrhunderts wurde im Zuge einer Bereinigung alter Besitzverhältnisse auch die Gemeinde Merfeld

neu aufgeteilt, darunter auch «der aus Heide-, Gras-, Holz-, Torf- und Schaddengrund bestehende Merfelder Bruch, der zur Hude und Weide mit Pferden, Rindern, Schafen, Schweinen, Gänsen und wilden Pferden benutzt worden war». Da die Markenteilung hundertneun Eigentümer betraf, schien das Schicksal der hundertachtundfünfzig Wildpferde besiegelt.
Einer der Hundertneun war indes der Herzog von Croy, dessen Familie, aus Frankreich stammend, 1805 das Gebiet der Grafen von Merfeld und Merode käuflich erworben hatte. Er fühlte sich als Erbe dieser alten Familien – Erbe auch ihrer Tradition, zu der Recht und Verpflichtung an den «wilden Pferden» gehörte. Bis auf den heutigen Tag ist die Herde (die sich durch die Veranstaltung des jährlichen Fanges und die verkauften Karten zum Besuch der Bahn nur selbst erhalten muß) nicht Objekt wirtschaftlichen Interesses geworden, sondern sorgsam erhaltenes Erbteil geblieben.
Sonderbarer Verquickung der Umstände also verdankt die bescheidenste der «Wildbahnen» ihr Überleben! Inzwischen wurde das Gebiet vergrößert, entwässert, gekälkt, gedüngt und neu angesät. Winterheu wird geschnitten; Wald- und Bruchstücke werden immer noch dem Freigelände zugefügt. Die um die Jahrhundertwende durch dauernde Staunässe krank und elend gewordene Herde gesundete. Ohne Tierarzt und Medikamente wurden die zähen Pferde kräftiger und vermehrten sich. Heute weidet der stattliche Bestand von zweihundert Tieren in der auf achthundert Morgen erweiterten Wildbahn, die einzig ihnen gehört.

Im späten Oktober
wird der Fühlende, der genau Hinschauende am lebhaftesten an diese Vergangenheit erinnert. Es ist sieben Uhr, kaum sieht man die Hand vor dem Auge; Reif liegt auf der abgerupften Weidefläche, Spuren darin weisen auf den «Urwald» hin, den wir noch nicht besuchten.
Bereifte Drähte entlang krummer Eichenpfähle. Alle Tore sind offen; gegen den Himmel steht vor hellem Nebelgrau das Filigran der Fichtenkronen, der entlaubten Pappelspitzen. Schnauben in der Stille, ein abbrechender Fohlenruf – wir orientieren uns.
Nähertretend, sehen wir Schemen auftauchen (82), zu Pferden werden, die jählings schwarz und scharf umrissen vor uns stehen (84). Nach wenigen Metern sind sie vom Nebel wattig verschluckt. Es erschließt sich uns eine eigene Form der Pferdedarstellung: die bewegte Silhouette. Ohren spielen, einzelne Haare zucken am Rand der Schattenrisse auf, Atem wölkt. Sie stehen mit verdrehten Beinen da, mit schläfrig herabhängenden Köpfen – doch wann immer ich mich, aus dem

Nebel tretend, einer Gruppe nähere, sind aller Augen wachsam auf mich gerichtet. Sie wissen längst, daß wir da sind, weichen unseren vertrauten Bewegungen kaum noch aus.
Wir warten. Das Licht ändert sich auch nach einer, nach zwei Stunden nicht, und ich betrete den «Urwald», finde abermals einen Wald voll Pferden vor. Doch stehen sie im Nebel nun ganz anders da als im Glanz des Sommers: triefend von der Nässe der Nacht, die ihnen nicht aus dem dichten Fell verdampft. Schemen bewegen sich rundum, rauh wie die nasse Borke, mit gierigen Mäulern im Laub herumsuchend (83), Schicht um Schicht der lockeren Erde beiseiteschiebend, um mit braunumkrümelten Lippen an bestimmte Wurzeln vorzudringen, an Erde, die etwas enthält, was sie nun brauchen. Wir Menschen sprechen von Mineralien, Vitaminen, nehmen Pillen und Tabletten ein – sie suchen nun pilzige Auswüchse an vermodernden Stämmen, sie treten ein verwittertes Holzstück ab und kauen die Späne, sie fressen Humus aus den hohlen Stümpfen. Das können wir den auf Kulturweiden gehaltenen Pferden und Ponys nicht geben! Sie brauchen Futterausgleich, brauchen die Möglichkeit, sich in abwechslungsreichem Gelände zu suchen, was ihr Körper nötig hat. Chemische Konzerne beauftragen Wissenschaftler, genau herauszufinden, was unsere Pferde brauchen, um über ihrem langweiligen Heu-Hafer-Futter nicht vorzeitig zu altern, an Leistungskraft nachzulassen. Diese Fachleute sollten sich den spätherbstlichen «Urwald» in Merfeld ansehen, sollten mit den Pferden die knietief ausgetretenen Pfade entlang stapfen, kreuz und quer, von Birken zu Eichen und zu den Erlenbäumen, deren Wurzeln fast einen Meter über die Erde ragen und auf bizarre Weise ihre Stämme tragen. Hier, wo noch vor kurzem Sumpf war, wo durch die Trockenlegung der Boden sank und Wurzeln freilegte, wo Moose und Pilze am Boden wuchern, wo Farne auf und unter der Erde restlos weggefressen werden, – hier sorgt die *Natur* dafür, daß ihre Geschöpfe finden, was für Stallpferde in Fabriken hergestellt werden muß.
Tropfen fallen aufs Laub. Die Pferde hören auf zu wühlen. Sie warten mit uns darauf, daß die Sonne durch den Nebel bricht, Wärme die Luft erfüllt.

Der November bietet ein trostloses Bild:
Wasser, wohin das Auge blickt (86, 87); immer noch stauende Nässe, trotz der vielen Trockenlegung. Ein Baumstumpf – im Sommer von den Vorüberziehenden gern als Juckstock benutzt – ragt einsam in kahler Ebene auf. Stecknadelkopfklein die Pferde, so weit auseinandergezogen wie sonst nie. Jetzt sind alle Tore geöffnet; jetzt gehört ihnen jeder Halm und jedes Kraut.

«Vor zwei Jahren nahmen wir ein weiteres Stück Wald in die Bahn», erzählt der Oberförster. «Dort finden sie bis Wintermitte noch ordentlich Futter: Laub, Äste, Kiefernzweige, Brombeergestrüpp. Sie schälen die Kiefern gottlob nicht, wie es das Rotwild tut; Weichhölzer zerknabbern sie schon mal, aber denen tut's nicht weh. Die beiden Waldwinter haben den Allgemeinzustand enorm gehoben. Früher schien ihnen immer eine Kleinigkeit zu fehlen – jetzt finden sie im Wald ihre Medizin.»

Wir stelzen zwischen Wasserlachen zu einem Heuhaufen hin, in den sich ein Rudel Pferde in verschwenderischem Raubfraß tief hineingewühlt hat. «Verregneter Überschuß aus einem üppigen Heujahr», versichert unser Begleiter. «Nur den schichten wir zu solchen Haufen auf. Von den normal anfallenden sechzig bis neunzig Fudern Heu füllen wir gerade die Schuppen; die abgesperrten Heuflächen lassen wir dann zur Nachweide auf; es ist entscheidend wichtig, daß die Tiere mit viel Fleisch und Vorratsmasse in den Winter gehen. Wir rechnen hier pro Pferd vier Morgen, weil der Boden so kümmerlich ist, und machen die mangelnde Bodenqualität durch Einbeziehung weiterer Waldflächen wett. Ohne ganzjähriges Beifutter kann man nicht beliebig viele Pferde halten. Verschlechtert sich der Allgemeinzustand, verkaufen wir einige Stuten, um den Bestand zu verringern. Ganz falsch wäre freilich verstärkte Düngung mit Stickstoff und Volldünger: Das gibt fette, kurzatmige und anfällige Pferde. Wir düngen nur mit geringen Mengen Kali und Kalk.»

Jeder Rundgang durch die Bahn bringt neue Erkenntnisse, bestätigt modernste Erfahrungen zur gesunden Pferdehaltung.

Die Fohlen saugen zwar noch kräftig, stehen am Heu jedoch nicht mehr bei der Mutter, sondern haben sich den Jährlingen und den Zweijährigen zugesellt. Unsere Stallfohlen werden um diese Zeit von den Stuten abgesetzt und mit Zufutter durch den Winter gebracht. Hier bleiben die Fohlen bis zur nächsten Geburt bei der Mutter, lösen sich aber innerlich von ihr im gleichen Maße, wie in ihr das neue Leben heranwächst.

Über Nacht bricht der Winter herein,
bringt in diesem Jahr Schneemassen mit, wie sie das Münsterland nur selten erlebt. Anfang Februar parken wir den Wagen wieder einmal unter den Fichten und machen uns winterfest: Anoraks werden verschnürt, Filme aus den Packungen genommen und griffbereit verstaut, Objektive aufgeschraubt, Schals festgebunden, Kapuzen geschlossen. Trotzdem sind die Finger

93 Die Sippen wandern die alten Pfade, treten sie neu in den frischen Schnee.
94 Durch den dichten, langen Pelz geschützt,
95 schlafen die Pferde in der Sonne, suchen unterm Schnee nach Gras.
96 Ein Lieblingsaufenthalt ist der lichte Birkenwald,
97 dicht bei den Scheunen mit der täglichen Heuration.
98 Schnee rieselt, eine blasse Sonne scheint: eins nach dem anderen tun sich die Pferde nieder,
99 um mit möglichst wenig Kraftverschwendung die Wintermonate zu überstehen.
100 Kurze Zeit noch, und das Jahr der Pferde fängt aufs neue an: stakelbeinige Fohlen folgen bald der Mutter wieder...

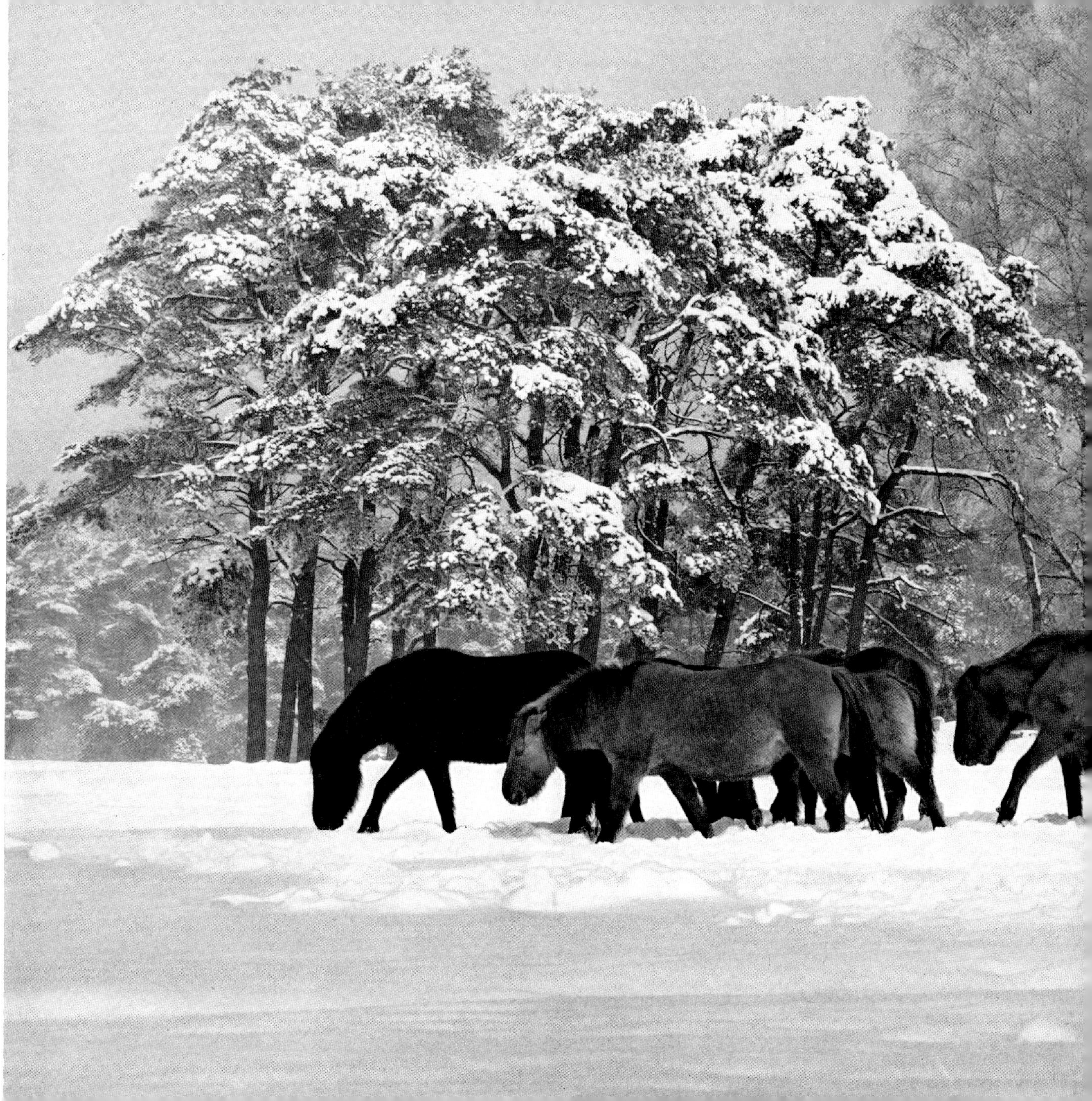

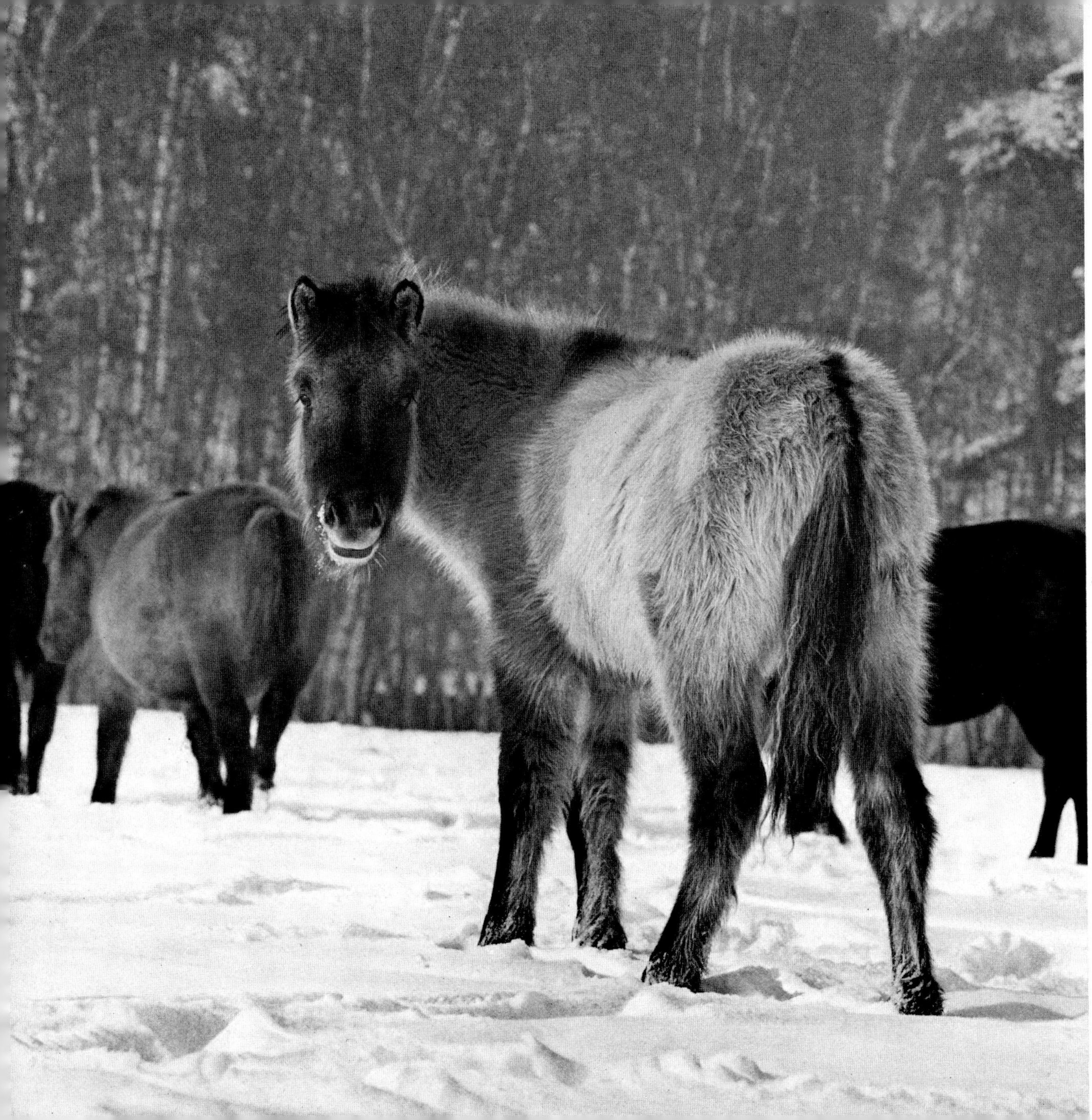

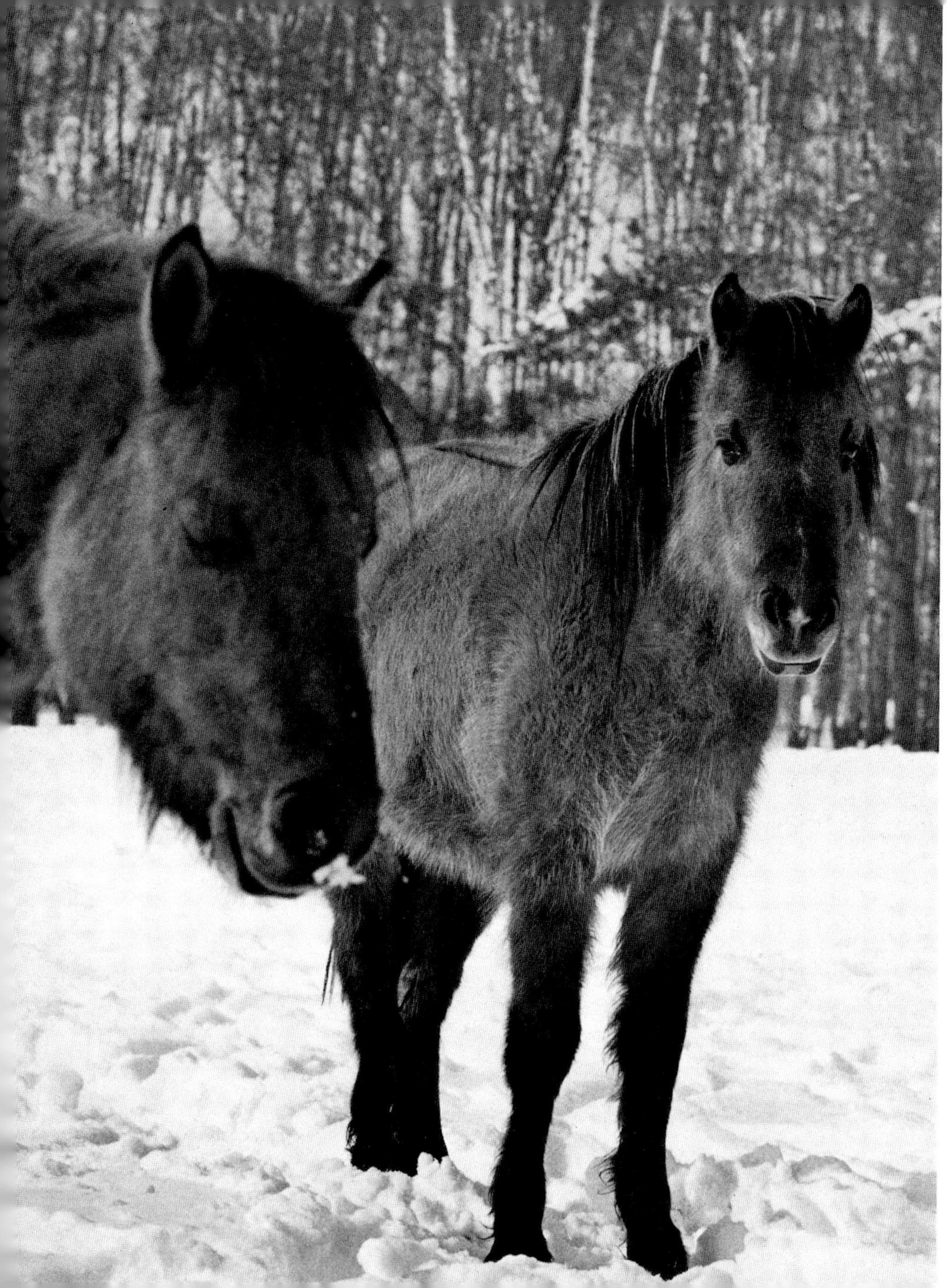
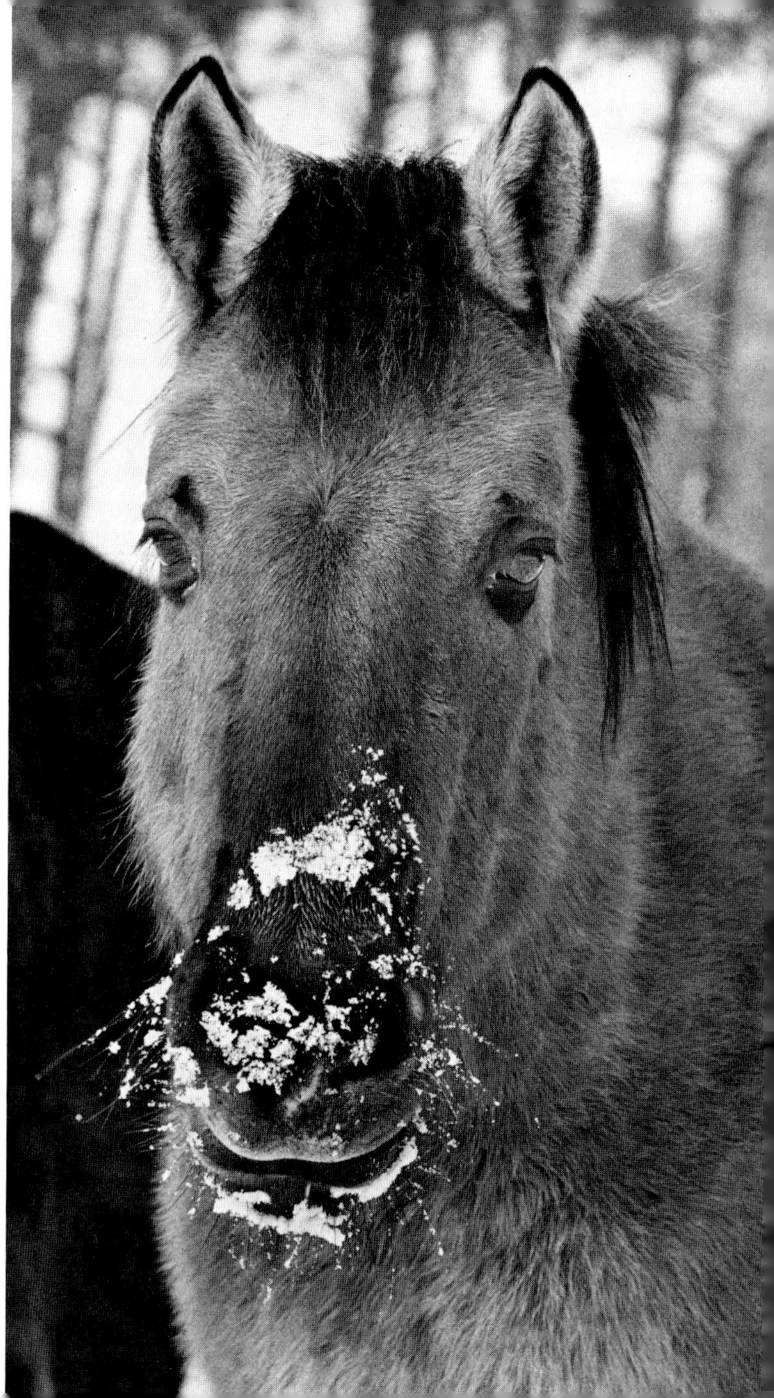

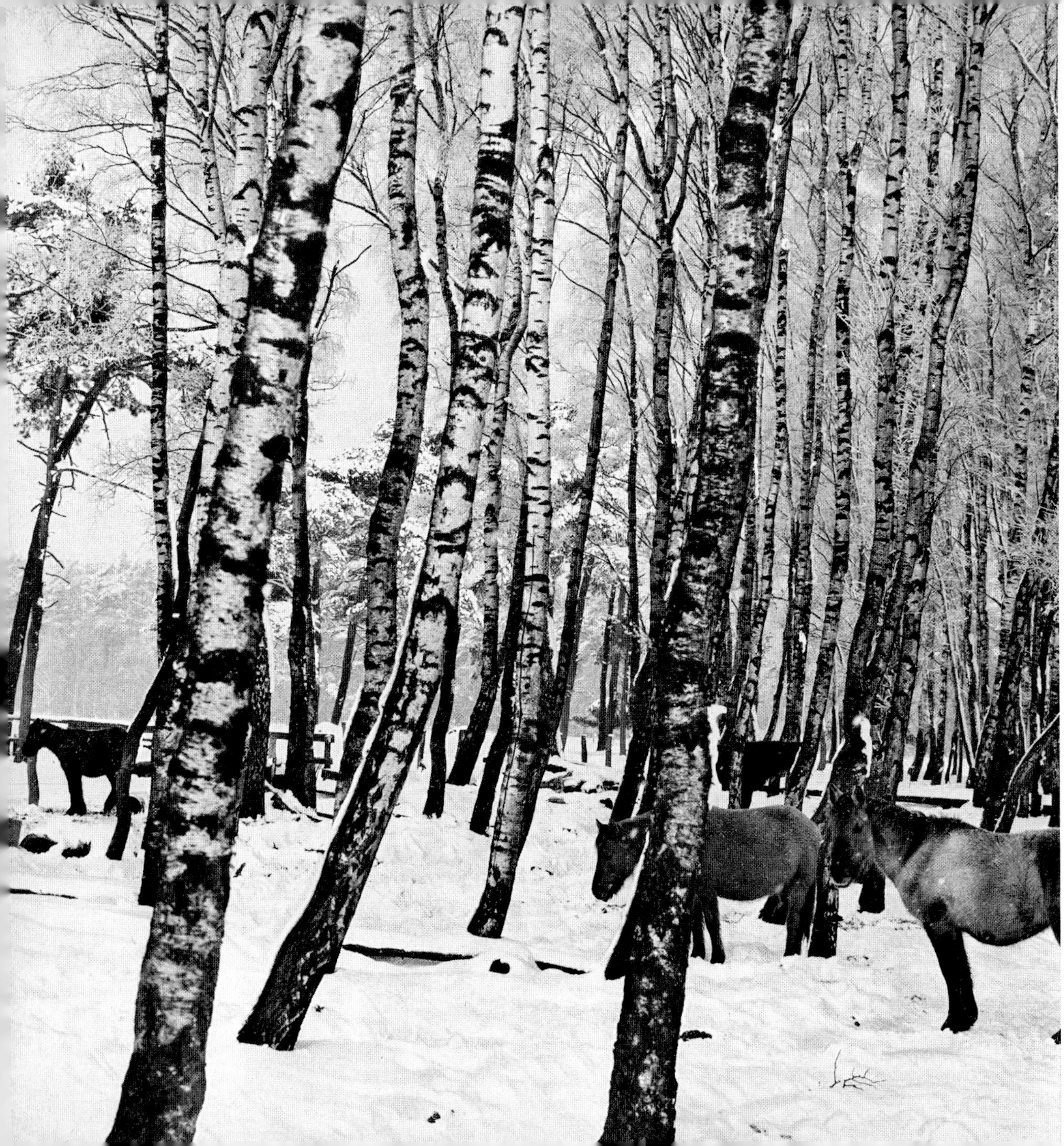

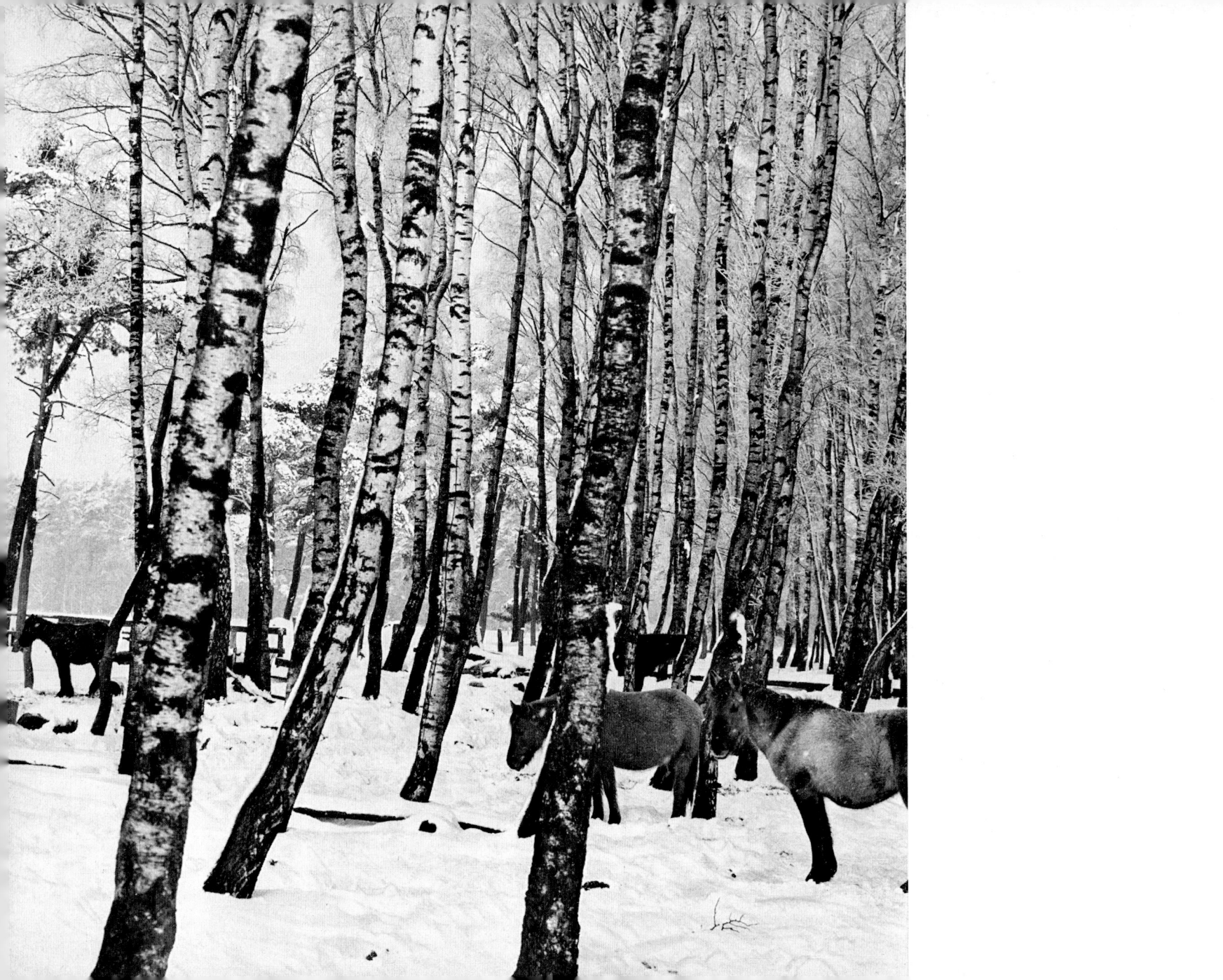

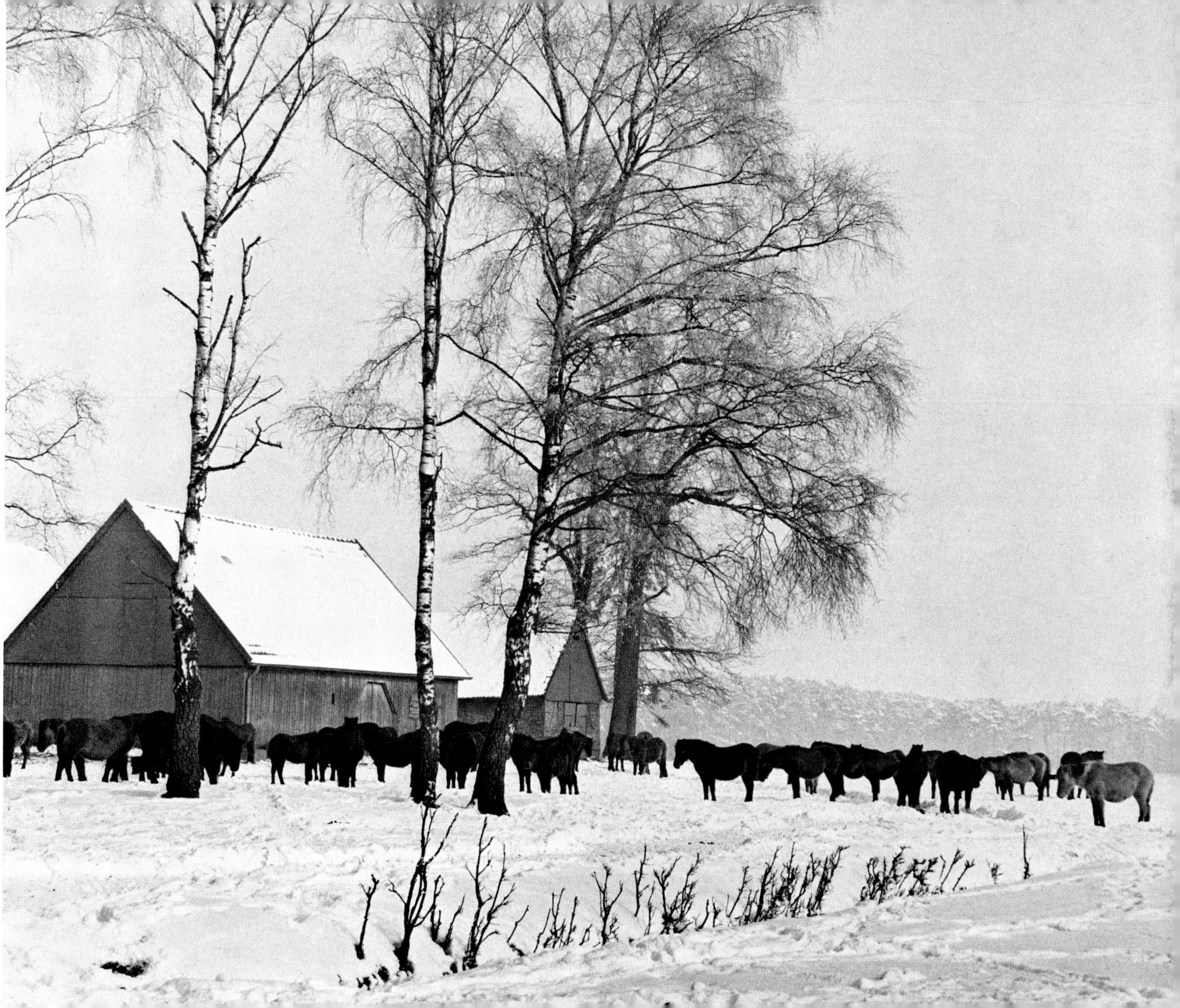

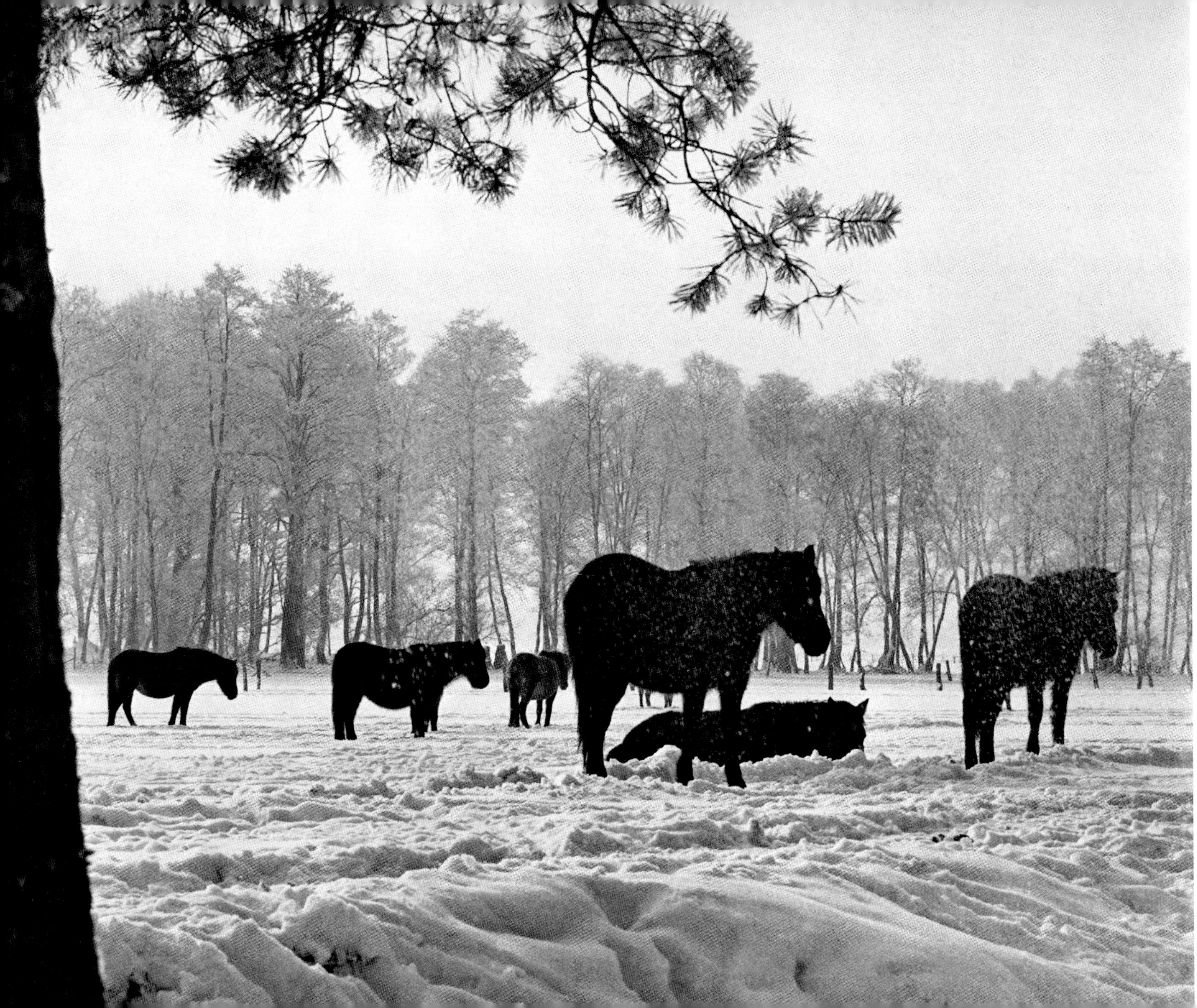

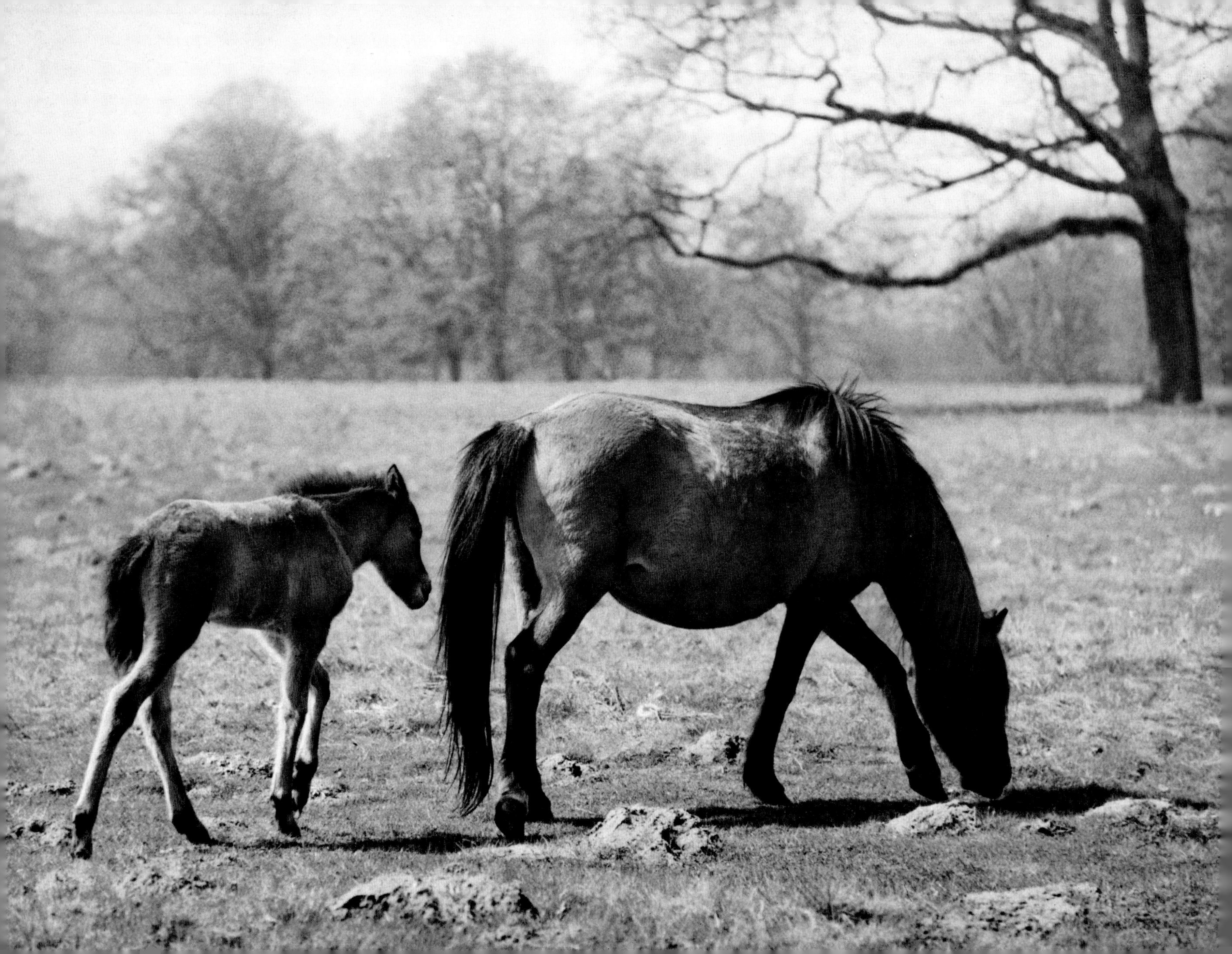

nach einer halben Stunde klamm, nach zwei Stunden fast abgefroren: Photographieren und stilles Beobachten sind keine wärmenden Beschäftigungen.

Mit unserer Ankunft verschwindet prompt die Sonne; grau dehnt sich die Ebene, die wir schon in so vielen Farbtönungen erlebten. Unsicherem Pfade folgend (der uns in manchen zugeschneiten Graben führt), finden wir einen Teil der Herde vor den Futterscheunen am Heu (97), die anderen weit dahinter beim Birkenwald (96). In den kniehohen Schnee trampeln sie sich gleich wieder ihre Zickzackpfade, und ab und zu pendelt eine Sippe darauf entlang: drei, vier Stuten, alle hochtragend, Jährlinge und letztjährige Fohlen (93). Sie bewegen sich noch langsamer als im Sommer, lassen uns dichter herankommen; die meisten schlafen einfach mit tief herabhängendem Kopf und geschlossenen Augen – kaum, daß eine Unterlippe zuckt (95). Sie halten *Winterschlaf;* ihr Organismus lebt auf Sparflamme weiter, alle Kräfte sind aufs Überleben gerichtet. Es gilt nur noch, heil über die letzten Runden zu kommen, Spätwinter und Vorfrühling zu überdauern. Die Herde strömt sinnerfüllte, durch nichts zu störende *Ruhe* aus; in feinen Schleiern rieselt der Schnee der vergangenen Nacht auf einzelne Gruppen nieder; überall haben sich Pferde behaglich im frischen Schnee niedergetan (98). Kälte und Schnee machen ihnen nichts aus: Ihre Vorfahren lebten Jahrhunderttausende lang in den eiskalten Steppen und Bergländern Innerasiens. Ihr Winterfell schützt sie vorzüglich: Dicht am Körper kräuselt sich hauchfeine, dichte Unterwolle, darüber stehen als Decke die langen Oberhaare ab, auf denen Schnee sich lagert, ohne das eigentliche Fell zu erreichen; weggeschmolzen durch die Körperwärme, tropft er schließlich zu Boden (94).

Am frühen Nachmittag endlich bringt mattester Wintersonnenschein ein schwaches Glitzern auf die weite Schneefläche. Als reglose, lautlose Schemen stehen die Pferde noch eine Weile in ihrem verschleierten Licht, scheinen dann im Zeitlupentempo aufzuwachen – gähnen, schütteln sich leicht und ziehen, geräuschlos die Hufe in den niedergetretenen Schnee der Spuren setzend, an den Horizont hinaus...

Fröstelnd folgen wir ihnen, in den gefütterten Anoraks viel weniger gut der Kälte widerstehend als sie im sinnvoll geschichteten Pelz; zucken zusammen, als in dieser wattigen Stille fremdartig schrill ein Wiehern aufbricht. Zwei Stuten sind einander zu nahe gekommen: Blitzkurz dringt Aggression durch winterliches Dahindämmern. Sachteste Regsamkeit beginnt sich zu entfalten: Köpfe nähern sich dem Schnee, tauchen hinein, aus den Nüstern bläst warmer Atem, ein Huf scharrt im dichten Weiß, bereifte Lippen tasten nach einem Halm, der sich im Eisschrank der

Natur frischgehalten hat. Bald ist der Schnee schaumig aufgerührt, wirft bläuliche Schatten im Nachmittagslicht. Dem langen Schweigen folgen Geräusche in Moll: Knurpsen, Mahlen, Scharren, Schnauben...

Den ganzen Tag über herrscht gedämpftes Leben: Die Fähigkeit der Pferde, nichts zu tun, in sich zu ruhen und dahinzudämmern, ist ungeheuerlich und uns fremd. Schienen sie uns im Sommer vertraut, so trennen uns nun Welten unterschiedlicher Entwicklung. Während wir der Wärme unserer Wohnungen zustreben, vermögen wir uns nur mit dem Verstand zu versichern, daß Pferde sehr gut ohne Menschenhilfe im Freien überwintern können – unsere Instinkte begreifen es nicht mehr.

Ein langer, nasser Vorfrühling
ist indessen viel gefährlicher als der schärfste Winter. Jedem Sonnenstrahl folgen eisige Tage. Die Herde spürt den kommenden Frühling schon, spürt, wie der Saft sich regt und in die Büsche, die Äste steigt. Stecknadelfein werden die ersten Grasspitzen sichtbar; doch die Pferdezähne bohren und zupfen vergebens – noch reicht es nicht mal zur Kostprobe, noch ist nur Hoffnung, was da zu grünen scheint. Regnet es nun längere Zeit, folgen dem winterlichen Zehren vom Herbstvorrat Nässe und Kälte, dann kommt das große Sterben in die Bahn. Es sterben die Fohlen, denen die Mütter nicht Kraft genug spenden konnten, die Jungstuten, die zu früh ein Fohlen tragen, die Alten, deren Zähne stumpf geworden sind. Nässe setzt sich im Fell fest, zerrt schwer an ihren geschwächten Körpern, die nicht mehr recht warm werden.
Freilich sind Kälte, Nässe und Hunger nur die auslösenden Faktoren. Sie schwächen den Organismus, der schließlich der *Würmer* nicht mehr Herr wird. Haupttodesursache in der Wildbahn ist die Verwurmung – Ergebnis allen begrenzten Schweifraumes.
Pferde sind von Natur Wandertiere. In der vollen Freiheit der Wildnis lassen sie die Wurmlarven im Kot zurück und berühren diesen Ort vielleicht erst wieder nach Monaten. Dann ist die Wurmbrut abgestorben. Grenzenlose Wandergebiete sind Voraussetzung dafür, daß Pferde in der Freiheit vierzig Jahre und älter werden können. In der Wildbahn schafft eine Stute durchschnittlich zwanzig gute Jahre, bringt zehn bis zwölf Fohlen zur Welt und stirbt. Freilich kommt es auch hier vor, daß eine magere, zähe und schlaue Stute ihre Sippe noch mit fünfunddreißig begleitet.
Indem wir den Schweifgrund dieser Wandertiere begrenzen, zwingen wir sie (wie auch auf unseren Kulturweiden) zu früh in die Nähe der Wurmbrut zurück. Sie fressen das nachgewachsene

junge Gras, an dessen Halmen die nunmehr geschlüpften Larven haften, und nehmen mit der Nahrung die Parasiten auf. So groß die Wildbahn auch ist – für freie Pferde kann sie niemals groß genug sein.

Droht im nassen Frühling der Tod durch die Würmer, so im zu warmen Frühling der durch Eiweißvergiftung! Schießt das frische Gras zu plötzlich und zu reichlich hoch, dann überfressen sich die Tiere daran, und die jähe Eiweißzufuhr fordert ihre Opfer. Allzu verlockend ist das junge Grün! Deshalb begleitet die Jahrhunderte hindurch die Geschichte der Wildbahnen die Klage der anwohnenden Bauern darüber, daß die Wildlinge im Frühjahr ausbrachen und die lockende junge Saat ringsum verheerten.

Ende April, Anfang Mai
sind die schlimmsten Wochen überstanden. Zwar ist die Bahn noch kahl, doch sie ist abgetrocknet; die Halme sprießen kräftiger, die Kranken erholen sich, und die allerersten Fohlen folgen stakelbeinig der gierig fressenden Mutter (100). Das Jahr der Pferde rundet sich: Bald wird wieder Musik durch die Heide dröhnen, werden Menschen herbeiströmen und die Junghengste aus der Herde herausgefangen, schließen viele Geburten die Lücken, die der Tod aufriß. Alles wird weitergehen wie seit Jahrhunderten schon...

Welch ein wundervoll beruhigender Gedanke, daß es in unserer Welt hektisch gesteigerter Leistung – der Zucht schnellster Rennpferde, häuserhoch springender Springpferde, perfekt ausgebildeter Dressurpferde – eine solch einzigartige Oase reinen Pferdedaseins gibt! Daß man durch eine Landschaft schlendern kann, in der nicht eines Menschen allesbeherrschender Wille beschloß, ein Gestüt einzurichten – in der sich vielmehr in grauen Zeiten Pferde von sich aus zusammenfanden, wilde Pferde, entlaufene Pferde, übriggebliebene Pferde... Daß wir beobachten können, wie sie leben, wenn sie sich selbst überlassen sind und nach eigenem Gutdünken ihre Tage verbringen. Denn einen anderen «Zweck» hat diese Herde nicht. Niemand will eine größere Anzahl Fohlen züchten, niemand nutzt ihre Arbeitskraft. Sie soll einzig zum aufmerksamen Betrachten verleiten, soll eigene Gedanken und Empfindungen angesichts ihres vielschichtigen Daseins in uns wecken.

Ich kenne keine andere Herde, die Wissenschaftler und einfachem Besucher dies gleichermaßen ermöglicht. Die inmitten der menschengeordneten Welt buchstäblich «unberührt», unangefaßt dahinlebt und uns den Umweg vergessen lehrt, den ihre Verwandten über den Stall machten und machen. Die uns zeigt, daß Pferde auch ohne Stall und ohne des Menschen Zivilisationsansprüche gut und lange leben können.

Vor hundertfünfzig Jahren fingen sich die Bauern aus Merfeld die letzten Arbeitspferde aus der Herde; dann geriet sie in Vergessenheit, wurde überrundet durch das sorgsam hochgezüchtete «Westfälische Warmblut». Doch siehe da: gegen Ende des 20. Jahrhunderts sind plötzlich die Kleinen, die Robusten modern wie kaum zuvor. Staunend stellen die Menschen, die sich aus ihrer technisch vollendeten Welt zurücksehnen zu den Ursprüngen, fest, daß die Dülmener und ihre gleich großen, gleich unverdorbenen Vettern aus Island, Norwegen, England, Irland und dem Balkan mit ihrer Fähigkeit des witterungsunempfindlichen Überlebens im Freien, mit ihren gesunden unverkümmerten Instinkten und der problemlosen Unterordnung unter das «Leittier» genau die Kameraden sind, die wir uns für Freizeit und Urlaub wünschen, die wir in die «Großherde Familie» hineinnehmen möchten. In Merfeld können wir an ihrem Verhalten und ihren Bedürfnissen ablesen, was das robuste Pferd unbedingt braucht – nämlich reichlich Bewegung, die Gesellschaft von Artgenossen, abwechslungsreiches, natürliches Futter und Hilfe bei elementaren Krankheiten.

So gesehen, ist die alte Wildbahn zu einer einzigartigen neuen Institution geworden, die kein Pferdefreund mehr missen möchte: wurde doch einzig auf der Welt hier der radikale Bruch zwischen Wild- und Stallhaltung in der Pferdezucht niemals vollzogen!